Nameyên ji şairekî ciwan re
Briefe an einen jungen Dichter

Rainer Maria Rilke

zweisprachig
Kurmanjî-Kurdisch/Deutsch

Wergera ji Almanî / Übersetzung aus dem Deutschen
Abdullah İncekan

Die Arbeit des Übersetzers am vorliegenden Text wurde im Rahmen des Programms „Neustart Kultur“ aus Mitteln der Beauftragten der Bundesregierung für Kultur und Medien vom Deutschen Übersetzerfonds gefördert.

NEU START KULTUR

Die Beauftragte der Bundesregierung für Kultur und Medien

Bibliografische Information der Deutschen Nationalbibliothek
Die Deutsche Nationalbibliothek verzeichnet diese Publikation in der Deutschen Nationalbibliografie; detaillierte bibliografische Daten sind im Internet über http://dnb.dnb.de abrufbar.

ISBN: 978-3-7520-0627-8
eISBN: 978-3-7520-0118-1
https:doi.org/10.29091/9783752001181

www.reichert-verlag.de

Gedruckt auf säurefreiem Papier
(alterungsbeständig – pH7, neutral)
Printed in Germany

Naverok / Inhalt

Pêşgotina Kurdî

Bi vê kitêba hanê cara pêşîn e, ku xwendevanê Kurdîaxêv bi zimanê bavûkalên xwe hin nameyên şairê modern yê Alman, Rainer Maria Rilke (1875–1926), dixwîne. Herkesê ku rêya wî bi edebiyata modern ya cîhanê ketiye, bi awayekî navê Rilke bihistiye. Bi vê taybetiya xwe wî ne tenê di kanona[1] edebiyata Almanî de ciye xwe girtiye, ew herwiha di nava kanona şiîra cîhanê de jî xwediyê roleke bilind û bala ye.

Rilke kî ye?

Rilke di 04.12.1875an de li Pragê, ji malbateke Katolîk î Alman tê dinê. Dêûbavên wî navê René li wî dikin. Beriya ku Rilke were dinyayê keçikeke wan ya bêmirad çêdibe û hema piştî bûyinê dimire. Ji ber vê jî hetanî şeş saliya wî ew cilûbergên keçan li wî dikin. Rilke di 1881î de li eynî bajarî dest bi mektebê dike. Gava ew dibe neh salî dêubavên wî, ku li gorî gotina Rilke hezkirina wan beriya bûyîna wî nemabû, ji hev diqetin. Piştî vê bûyerê ew di sala 1885an de di dehsaliya wî de wî dişînin mektebên leşkerî – pêşîn li St. Pöltenê, dû re li Mährisch-Weißkirchenê. Hetanî şanzdeh saliya xwe ew li van dibistanan dixwîne û dû re bi darê zorê jê diqete. Lê her çi tesîra dibistanên leşkerî ne, ew umrekî dikudîne.

Nivîskariya René Rilke digihêje salên wî yên şagirtiyê. Ew ji xortaniya xwe vir ve dest bi tevlîbûna devûdorên edebî û kovaran dike. Hê di sala 1894an de, nonzdeh salî, ew kitêba xwe ya pêşîn ya şiîran diweşîne. Ev cehd û meyla wî ya nivîskariyê – digel ku ew car-caran di bin şertên dijwar yên aborî de dijî jî – hetanî mirina wî dikudîne.

---

1 Peyveke Yûnanî ye. Di disîplînên cihê-cihê de bi me'neyên cihê tê bikar anîn. Berhem û nivîskarên di edebiyatekê de xwediyê ciyekî bin, wek kanona wê edebiyatê tên bi nav kirin. Mesela, di kanona edebiyata klasik ya Kurdî de Mem û Zîn, Dîwana Melayê Cizîrî cî digrin.

Ji aliyê xwendina zaningehê ve tê dîtin, ku Rilke pêşîn dest bi beşên edebiyat, dîrok û hunerê dike, dû re di somestera dudiyan de dev ji wan berdide û xwe di beşa hiqûqê de qeyd dike, ji ber ku apê Rilke wesiyet dike, ku ew buroya hiquqê ya wî dewam bike. Lê ev daxwaz bi tu awayî nayê cî: Rainer Maria Rilke wek şair, wergêr û nivîskar ji xwe re cihokekê vedike; beşa hiqûqê naqedîne û li bajarên cihê-cihê beşên cûrbecûr dixwîne.

Di jiyana Rilke de tesîra gelek şexsan heye, lê ji wan ya herî zêde ya jinika ku çardeh salan ji wî mezintir, tesîra nivîskar Lou Andreas-Salomé ye. Piştî xwendina nivîseke wê, Rilke pê re dikeve têkiliyê û di navbera wan de dostaniyeke dûrûdirêj destpê dike. Ev jinika ku berê bi Friedrich Nietzsche re zewicandî bû, ji aliyê intelektuelî ve ewqas zêde tesîrê li ser wî dihele, ku René navê xwe ji bo xatirê wê digihure dike Rainer. Bi saya wê, ew devûdorên nû nas dike û zimanên nû hîn dibe. Rilke bi wê û mêrê wê re di 1899an de diçe Rusyayê, mêvaniya nivîskarê kal Leo Tolstoy (1828–1910). Ew bi hev ra şeva paskalyayê pîroz dikin û Rilke li ser vê şevê wiha dibêje: «ez bawer im, ew ji bo umrekî têr dike.» (Engel r. 7). Rilke ne tenê nivîskarên Rûsî dixwîne, ew herwiha Rûsî hîn dibe, ji wan wergeran jî dike û gelek caran diçe wir û tê. Têkiliya wî û Rusyayê hetanî dawiya umrê wi dom dike. Ew di heqê vê de xwe wiha îfade dike: «ji Rusyayê re di çi de ez spasdar im – wê ez kirim, ev kesê ku ew ez im.» (Engel r. 4).

Elbet ne tenê ziman û nivîskarên Rûsî di jiyana wî de xwediyê rolekê ne. Di serî de Paris û heykeltiraş Auguste Rodin (demekê sekreterê wî bû û kitêbek jî li ser wî nivîsiye); Îtalya, welatên Skandînav, Îsviçre û hunermend û zimanên wan hetanî dawiya umrê wî bi Rilke re ne.

Rilke ne tenê ji aliyê têkiliyên însanî ve pirr-alî ye. Ew herwiha ji aliyê meraqa ji bo çand û zimanên din jî balkêş e. Almanî zimanê wi yê bavûkalan e û ew di umrê piçûk de Fransizî die'lime. Û gava mezin dibe, bi gera li welatên cihê-cihê bi awayekî çalak û aktîf gelek zimanên din jî di sewiyeyeke ku ji wan wergeran bike, hîn dibe. Ji ber vê Rilke ji aliyê hin kesan ve wek «şairê gerok» jî tê bi nav kirin. Rainer Maria Rilke Rûsî, Îngilîzî, Îtalyanî û Fransizî jî di nav de tam ji heyşt zimanan wergeran diweşîne. Di nav nivîskarên, ku ew werdigerîne Çexov, Dostojewski, Baudelaire û gelekên din cî digrin.

Rilke xêncî şiîran, kurteçîrokan, drama, romanekê (Notên Malte Laurids Brigge) û gelek nivîsên teorik yên li ser edebiyatê dinivîse.

Rainer Maria Rilke di 29.12.1926an de, nêzîkî pêncî û yek salî, ji ber nexweşiya losemîyê wefat dike.

Nameyên ji şairekî ciwan re

Ev kitêb ji yanzdeh nivîsan pêk te: Metna destpêkê ya şairê ciwan Franz Xaver Kappus e. Kappus, nivîskar û şairekî Alman, di vê nivîsa xwe ya kurt de behsa wê dike, ka ev kitêba zirav û bala çawa derketiye holê. Piştî vê girîzgahê li dû hev deh nameyên Rainer Maria Rilke, ku ji wî re şandine, cî digrin. Nameya pêşîn ji sala 1903yan e û ya dawîn jî 5 salan piştî wê, ji sala 1908an e. Nameyên ku Kappus ji Rilke re şandine, tê de cî nagrin.

Rilke nivîskarekî welûd bûye û loma jî xwediyê gelek berhemên giranbiha ye – wek *Mersiyeyên Duino* yan jî *Notên Malte Laurids Brigge*. Ka gelo ez ê bikaribim di paşerojê de wan wergerînim Kurdî yan na ez nizanim, lê sebebê ku min ji van nameyan destpê kir ev bû: Ji ber şert û mercên em tê de ne, edebiyateke me ya dewlemend hê çênebûye. Di gelek hêlan de Kurdî hê di destpêkê de ye û edebiyateke pirr-alî (ji hêla cûre, mijar, ziman û hwd.) hê di merhaleya pêşîn de ye. Çawa ku Kappus nû dest bi şiîr û nivîskariyê kiriye, herwiha gelê me jî hê di vê qonaxa serî de ye. Bi gotineke din, halê ku Kappus tê de wek mecazek li hal û rewşa me tê, loma jî min xwest em jî wek wî guhên xwe bidin nesîhetên Rilke, da ku bikaribin li ser hîmên saxlem edebiyateke li gorî pîvanên demê ava bikin.

Çend gotin li ser wergerê

Elbet şêwe û usluba şairekî di nameyên wî de jî dertê holê. Ji ber vê jî wergera zimanê şairekî ne hêsan e. Di zimanê Almanî de bi gelemperî gotin û cumle musaîdî dirêjkirinê ne. Gava meriv li metnên Rilke, Thomas Mann, Günter Grass yan jî yekî din mêze dike, meriv dikare bi rihetî cumleyên ji rûpelekê pêk tên, bibîne. Herçi Kurdî ye, ji vê hêlê ve îmkanên wê mehdûd in. Di wergerê de ji ber vê min carna – gava min ferq kir, ku cumleya Rilke êdî nayê fehm kirin – dawî li cumleyê anî û bi cumleyeke nû dewam kir. Lê heta ji dest min hat, min xwest ez usluba wî biparêzim.

Taybetiyeke van nameyan jî ew e, ku li derên Rilke xwestiye balê bikişîne ser tiştekî, wî xêzikeke dirêj (–) daniye. Ez bawer im, ev şêwe ne zêde belav e. Lê min xwest bira ev taybetiya wî wenda nebe, loma jî carna di nav du cumleyên tam de ev xêzik xuya dike.

Wekî ku di nameyan de xuya dike, di Almanî de forma xîtabê heye û ew jî «hûn» e. Di Kurdî de di vê hêlê de di van salên dawîn de nîqaşek heye. Digel ku forma «hûn» ji bo şexsekî li pirraniya herêman tunebe jî û meriv bi «tu/te»yê xîtabî mirovên meriv nasnake bike jî, bi bajarîbûnê û bi tesîra hin zimanên din forma «hûn» ji bo tenê kesekî jî êdî her diçe zêdetir tê xebitandin. Di nameyan de min ev awayê han parast, ji ber ku min nexwest ez tevahiya nameyan li gorî forma «tu/te»yê biguherim.

Abdullah İncekan

Vorwort zur deutsch-kurdischen Ausgabe[1]

Die «Briefe an einen jungen Dichter» von Rainer Maria Rilke (1875–1926) gehören zu den meist rezipierten Briefen der Weltliteratur. Sie wurden in zahlreiche Sprachen übersetzt und fanden insbesondere bei einer jungen Leserschaft großen Anklang. Zwei schreibende Seelen treffen sich öffnend aufeinander. Sie geben so der Nachwelt die Möglichkeit, an ihrem inneren Entwicklungsprozess teilzunehmen und Unterstützung bei der Entwicklung des eigenen literarisch-schaffenden Ichs zu finden.

Diese Briefe ins Kurdische zu übersetzen ist nicht nur vor dem beschriebenen Kontext von großer Bedeutung. Kurdisch gehört auch im 21. Jahrhundert noch zu den weltweit massivst unterdrückten Sprachen. Da das Kurdische auf dem historischen Gebiet seiner Sprecher in der Bildung größtenteils verboten ist, hat «das literarisch-schaffende Ich» umso mehr Probleme, einen eigenen literarischen Weg zu finden. Vor diesem Hintergrund erhoffe ich mir mit dieser Übersetzung ein doppeltes Ziel: Die Briefe sollen nicht nur der Bildung der schriftstellerischen, sondern insgesamt der schriftsprachlichen Kompetenz eines Volkes ohne Bildung in der eigenen Sprache dienen. Zudem mögen sie helfen, eine Brücke zwischen der deutschsprachigen und der sich im Entstehen befindlichen modernen kurdischen Literatur zu bauen.

Rainer Maria Rilke gehört zum festen Kanon nicht nur der deutschsprachigen, sondern auch der Weltliteratur und ist mit seinem Gedicht «Der Panther» und einigen anderen Gedichten in fast jedem Schulbuch anzutreffen. Seine Bücher werden in immer wieder neuen Zusammensetzungen aufgelegt und erfreuen sich einer ungebrochenen Beliebtheit.

---

1 Die beiden Vorworte stellen keine Eins-Zu-Eins-Übersetzung dar (A.I.).

Rilke kommt am 04.12.1875 in Prag als Kind einer deutsch-katholischen Familie auf die Welt. Er erhält den Namen René, wird jedoch bis zu seiner Einschulung wie ein Mädchen gekleidet, da seine Mutter den frühen Tod der erstgeborenen Schwester nicht verkraftet. Die Zuweisung dieser Rolle wird ihn in seinem späteren Leben stets begleiten. Im Jahr 1881 wird Rilke eingeschult und nach der Trennung der Eltern mit zehn Jahren auf österreichische Militärschulen geschickt. Der militärische Drill quält den musisch begabten, kränklichen Jungen und erst mit 16 Jahren kann er sich lösen. Seine dichterische Tätigkeit geht auch auf diese Jahre zurück. René Rilke – der sich ab 1897 Rainer Maria Rilke nennt – beteiligt sich an literarischen Gesellschaften und bringt mit gerade eben 19 Jahren seinen ersten Gedichtband heraus. Der sich stets als Dichter berufen fühlende Rilke bleibt ein Leben lang diesem Selbstverständnis treu – zum Teil großen wirtschaftlichen Problemen trotzend.

Er beginnt zunächst Literatur, Geschichte und Kunst in Prag zu studieren, bricht ab und beginnt ein Jura-Studium in München, welches ebenfalls abgebrochen wird. Rilke bahnt sich einen Weg als Dichter, Übersetzer und Autor und entwickelt sich zu einem Vertreter moderner Literatur des 20. Jahrhunderts. Literarisch, aber auch persönlich bewegt er sich in einer großen Bandbreite. Er lebt in Deutschland, Frankreich und der Schweiz, Freundschaften schließt er über europäische Grenzen hinaus. Rilke stirbt am 29.12.1926 mit nur 51 Jahren an den Folgen einer Leukämie-Erkrankung.

Die Veröffentlichung dieser Ausgabe verdanke ich der großzügigen Unterstützung des Deutschen Übersetzerfonds. Herrn Jürgen Jacob Becker – Literarisches Colloquium Berlin – bin ich sehr dankbar für seine Ermutigung zur Teilnahme.

Bochum, im August 2021 *Dr. Abdullah Incekan*

Destpêk

Di dawiya zivistana 1902yan de bû – ez li Parka Akademiya Leşkerî ya Neustadta Viyanayê di bin dareke kevn a kestaneyê de rûniştibûm û min kitêbek dixwend. Ez ewqas li ser kitêbê kûr bûbûm ku min ferq nekiribû ku profesorê me, Horaček zana û baş, papazê akademiyê, ku ew tenê ne leşker bû, li cem min rûniştibû. Wî kitêb ji destê min girt, li berga wê mêze kir û serê xwe hejand. Bi meraq pirsî: «Ev şiîrên Rainer Maria Rilke ne?» Dû re bi vir û wê de li pelên wê mêze kir, çend hev misra xwendin, ket xewn û xeyalan û serê xwe hejand û got: «Vayê ji şakird René Rilke şairek derketiye.»

Û ez bi wî kurikê zeîfok û xwînmiçiqî hesiyam ku dêûbavên wî berî panzdeh salan ew şandibûn mekteba leşkerî ya li Sankt Pöltenê, da ku ew bibe serleşker. Wê demê Horaček wek xebatkarê ruhanî li wir dixebitî û ev xwendevan gelek baş dihat bîra wî. Wî digot ku ew xortekî pirr jêhatî, sakîn û ciddî bû, ku tevlî karê kesî nedibû, derd û kûlên mecburiyetên jiyana mektebê bi sebir dikişand û piştî sala çaran bi yên din re derbasî lîseya leşkerî bû, ku li Mährisch-Weißkirchenê bû. Li wê derê bunyeya wî bi qasî ku têr dikir, zexm derneket û loma jî dêûbavên wî ew ji dibistana leşkerî girtin û li bajarê xwe, li Pragê, wî dewamî xwendinê kir. Jiyana wî ji wir pê ve çawa derbas bûbû, Horaček nizanîbû.

Piştî van gotinan tê fehmê, ku min hema di eynî seetê de qerar da ku ez ceribandinên xwe yên edebî ji Rainer Maria Rilke re bişînim û fikra wî jê rica bikim. Hê ez nebûbûm bîst salî û min li ber şêmûga karekî ku min ziddî xisletên xwe

Einleitung

Im Spätherbst 1902 war es – da saß ich im Park der Militärakademie in Wiener Neustadt unter uralten Kastanien und las in einem Buch. So sehr war ich in die Lektüre vertieft, daß ich kaum bemerkte, wie der einzige Nicht-Offizier unter unseren Professoren, der gelehrte und gütige Akademiepfarrer Horaček sich zu mir gesellte. Er nahm mir den Band aus der Hand, betrachtete den Umschlag und schüttelte den Kopf. «Gedichte von Rainer Maria Rilke?» fragte er nachdenklich. Hier und dort blätterte er dann auf, überflog ein paar Verse, schaute sinnend ins Weite und nickte schließlich. «So ist aus dem Zögling René Rilke also ein Dichter geworden.»

Und ich erfuhr von dem schmalen, blassen Knaben, den seine Eltern vor langer als fünfzehn Jahren in die Militär-Unterrealschule in Sankt Pölten gegeben hatten, damit er später Offizier werde. Damals hatte Horaček als Anstaltsgeistlicher dort gewirkt, und er entsann sich des ehemaligen Zöglings noch genau. Er schilderte ihn als einen stillen, ernsten, hochbefähigten Jungen, der sich gerne abseits hielt, den Zwang des Internatslebens geduldig ertrug und nach dem vierten Jahr mit den anderen in die Militär-Oberrealschule vorrückte, die sich in Mährisch-Weißkirchen befand. Dort freilich erwies sich seine Konstitution als nicht widerstandsfähig genug, weshalb ihn seine Eltern aus der Anstalt nahmen und daheim in Prag weiterstudieren ließen. Wie sich sein äußerer Lebensweg dann weiter gestaltet hatte, wußte Horaček nicht mehr zu berichten.

Nach all dem ist es wohl begreiflich, daß ich noch in derselben Stunde beschloß, meine dichterischen Versuche an Rainer

didît, hêvî dikir ku ancax kesekî wek şairê kitêba *Mir zur Feier* min fehm bike. Û ya rast bêyî ku ez bixwazim, bi misrayên min re nameyek jî derket holê, ku min tê de dilê xwe ne hetanî wê demê û ne jî piştî wê ji mirovekî din re ewqas zêde vekiribû.

Hetanî cewab hatibû, gelek hefte derbas bûbûn. Nameya ku bi rengê hêşîn hatibû mohr kirin ji Parisê bû, di destê min de giran dixwiya û li ser zerfê xetên bi rêk û pêk, vekirî û rind hebûn, ku name ji serî heta binî her bi van xetan hatibû nivîsîn. Bi vê nameyê ve min û Rainer Maria Rilke, me destpê kir, ku em ji hev re nameyan bişînin, ku hetanî 1908an kudand û dû re pê de-pê de bi dawî hat, ji ber ku jiyanê ez ber bi hin hêlan birim, ku şaîr bi dilgermî, nazikî û meraq xwestibû min ji wan biparêze.

Lê ev mûhîm nine. Tişta mûhîm tenê ev deh name ne, ku li dû hev tên. Ew bi taybetî ji bo fehmkirina şert û mercên jiyan û afirandina Rainer Maria Rilke mûhîm in. Û ji bo mirovên ku îro û sibê dikemilin û mezin dibin jî mûhîm in. Û gava li ciyekî yekî mezin û tekane qise dike, divê yên piçûk bêdeng bin.

Berlin, Hezîrana 1929an

Franz Xaver Kappus

Maria Rilke zu senden und ihn um sein Urteil zu bitten. Noch nicht zwanzigjährig und knapp an der Schwelle eines Berufes, den ich meinen Neigungen gerade entgegengesetzt empfand, hoffte ich, wenn überhaupt bei jemandem, so bei dem Dichter des Buches «Mir zur Feier» Verständnis zu finden. Und ohne daß ich es eigentlich gewollt hatte, entstand zu meinen Versen ein Begleitbrief, in dem ich mich so rückhaltlos offenbarte wie nie zuvor und niemals nachher einem zweiten Menschen.

Viele Wochen vergingen, bis Antwort kam. Das blaugesiegelte Schreiben zeigte den Poststempel von Paris, wog schwer in der Hand und wies auf dem Umschlag dieselben klaren, schönen und sicheren Züge, in denen der Text von der ersten Zeile bis zur letzten hingesetzt war. Damit hob mein regelmäßiger Briefwechsel mit Rainer Maria Rilke an, der bis 1908 währte und dann allmählich versickerte, weil mich das Leben auf Gebiete abtrieb, vor denen des Dichters warme, zarte und rührende Sorge mich eben hatte bewahren wollen.

Doch das ist nicht wichtig. Allein wichtig sind die zehn Briefe, die hier folgen, wichtig für die Erkenntnis der Welt, in der Rainer Maria Rilke gelebt und geschaffen hat, und wichtig auch für viele Wachsende und Werdende von heute und morgen. Und wo ein Großer und Einmaliger spricht, haben die Kleinen zu schweigen.

Berlin, im Juni 1929

Franz Xaver Kappus

1. Name

Paris, 17ê Sibata 1903yan

Birêzê hêja Kappus,

nameya we ancax berî çend rojan xwe gihand min. Ez dixwazim ji we re ji bo baweriya mezin û xweş ya wê spas bikim. Ez nikarim li ser awayê misrayên we bisekinim; ji ber ku fikra rexnekirinê ji min dûr e. Bi rexnekirina berhemeke hunerî meriv xwe nagihîne ciyekî. Meriv çi dike bila bike, şaş fehm dike. Tevahiya tiştan nayê fehm kirin û îfade kirin, digel ku bi me dixwazin eksê vê bidin qebûl kirin. Pirraniya rûdanan nayên îfade kirin, di nav çar dîwarên ku kelîme û gotin bi tu awayî neçûnê de, derbas dibin. Û ji giştikan zehmettir berhemên hunerî ne ku bi awayekî efsûnî li kêleka jiyana me ya kin ebedî dijîn.

Piştî van notan, ez tenê dikarim ji we re bibêjim ku şiîrên we ne xwediyê taybetmendiyekê ne; lê nûveyên veşartî û bêdeng yên şexsî di wan de hene. Vê tişta han ez herî baş di şiîra *Meine Seele* de hîs dikim. Di wê de tiştekî serbixwe heye, ku dixwaze xwe bîne ziman. Û di şiîra delal *An Leopardi* de jî dibe ku nêzikahiyek bi vê mezinahî û tenêtiyê re derkeve holê. Digel vê jî ev şiîr hê bi tena serê xwe tiştek, tiştekî serbixwe ninin; ne ya dawiyê ne jî ya ji bo Leopard. Nameya delal ku we pê re şandibû, hinin kêmasiyên min bi xwendina şiîran re hîs dikir, lê nikarîbû navekî lê bikira, nîşanî min dan.

1. Brief

Paris, am 17. Februar 1903

Sehr geehrter Herr,

Ihr Brief hat mich erst vor einigen Tagen erreicht. Ich will Ihnen danken für sein großes und liebes Vertrauen. Ich kann kaum mehr. Ich kann nicht auf die Art Ihrer Verse eingehen; denn mir liegt jede kritische Absicht zu fern. Mit nichts kann man ein Kunst-Werk so wenig berühren als mit kritischen Worten: es kommt dabei immer auf mehr oder minder glückliche Mißverständnisse heraus. Die Dinge sind alle nicht so faßbar und sagbar, als man uns meistens glauben machen möchte; die meisten Ereignisse sind unsagbar, vollziehen sich in einem Raume, den nie ein Wort betreten hat, und unsagbarer als alle sind die Kunst-Werke, geheimnisvolle Existenzen, deren Leben neben dem unseren, das vergeht, dauert.

Wenn ich diese Notiz vorausschicke, darf ich Ihnen nur noch sagen, daß Ihre Verse keine eigene Art haben, wohl aber stille und verdeckte Ansätze zu Persönlichem. Am deutlichsten fühle ich das in dem letzten Gedicht «Meine Seele». Da will etwas Eigenes zu Wort und Weise kommen. Und in dem schönen Gedicht «An Leopardi» wächst vielleicht eine Art Verwandtschaft mit diesem Großen, Einsamen auf. Trotzdem sind die Gedichte noch nichts für sich, nichts Selbständiges, auch das letzte und das an Leopardi nicht. Ihr gütiger Brief, der sie begleitet hat, verfehlt nicht, mir manchen Mangel zu erklären, den ich im Lesen Ihrer Verse fühlte, ohne ihn indessen namentlich nennen zu können.

Hûn dipirsin ka misrayên we baş in yan na. Hûn ji min dipirsin. Berî wê we ji hinekên din pirsiye. Hûn wan ji kovaran re dişînin. Hûn wan didin ber şiîrên din û bê hizûr dibin, gava hin redaksiyon ceribandinên we red dikin. Niha (ji ber ku we destûr daye ku ez pêşniyazan bikim), ez ji we rica dikim ku hûn ji van tevan dev berbidin. Hûn li derve mêze dikin, lê divê hûn niha vî tiştî nekin. Tu kes nikare ji we re pêşniyazan bike û ji we re bibe alîkar; tu kes. Tenê rê û rêbazek heye. Li dilê xwe binihêrin. Li sebebê nivîsîna xwe bikolin; mêze bikin, ka di ciyê herî kûr ê dilê we de wî kok daye yan na; ji xwe re îtîraf bikin, ka hûn ê bimirana, gava nivîsîn li we bihata qedexe kirin. Bi taybetî vê tişta han bikin. Di seeta herî bêdeng a şevê de ji xwe bipirsin: Ma ez mecbûr im binivîsim? Di dilê xwe de li bersiveke kûr bigerin. Gava ew erê be, gava hûn tenê bi «Min divê» yek xurt bersiva vê pirsa mûhîm bidin, wê demê jiyana xwe li gorî vê mecbûriyetê ava bikin; jiyana we hetanî seeta herî bêqîmet û erzan divê bibe nîşan û numuneya vê mecbûriyetê. Dû re nêzîkî sirûştê bibin. Dû re – weke mirovê pêşîn – biceribînîn ku behsa wê bikin, ka hûn çi dibînin û çi dijîn û ji çi hez dikin û çi wenda dikin. Şiîrên evînê nenivîsîn; ji cûreyên belavbûyî û ji yên ji rêze birevin; ew yên herî zêde bi zehmet in, lewra ji bo ku meriv ji xwe re rêyekê bibîne, jê re tiştekî serbixwe, hêzeke mezin û kemilî lazim e. Loma xwe ji motîfên gelemperî rizgar bikin û berî xwe bidin wan motîfên ku jiyana we îkramî we dike; behsa xemgînî û daxwaziyên xwe, fikr û ramanên ne sabit û baweriya bi xweşikatiyekê bikin –van tevan ji

Sie fragen, ob Ihre Verse gut sind. Sie fragen mich. Sie haben vorher andere gefragt. Sie senden sie an Zeitschriften. Sie vergleichen sie mit anderen Gedichten, und Sie beunruhigen sich, wenn gewisse Redaktionen Ihre Versuche ablehnen. Nun (da Sie mir gestattet haben, Ihnen zu raten) bitte ich Sie, das alles aufzugeben. Sie sehen nach außen, und das vor allem dürften Sie jetzt nicht tun. Niemand kann Ihnen raten und helfen, niemand. Es gibt nur ein einziges Mittel. Gehen Sie in sich. Erforschen Sie den Grund, der Sie schreiben heißt; prüfen Sie, ob er in der tiefsten Stelle Ihres Herzens seine Wurzeln ausstreckt, gestehen Sie sich ein, ob Sie sterben müßten, wenn es Ihnen versagt würde zu schreiben. Dieses vor allem: fragen Sie sich in der stillsten Stunde Ihrer Nacht: *muß* ich schreiben? Graben Sie in sich nach einer tiefen Antwort. Und wenn diese zustimmend lauten sollte, wenn Sie mit einem starken und einfachen «*Ich muß*» dieser ernsten Frage begegnen dürfen, dann bauen Sie Ihr Leben nach dieser Notwendigkeit; Ihr Leben bis hinein in seine gleichgültigste und geringste Stunde muß ein Zeichen und Zeugnis werden diesem Drange. Dann nähern Sie sich der Natur. Dann versuchen Sie, wie ein erster Mensch, zu sagen, was Sie sehen und erleben und lieben und verlieren. Schreiben Sie nicht Liebesgedichte; weichen Sie zuerst denjenigen Formen aus, die zu geläufig und gewöhnlich sind: sie sind die schwersten, denn es gehört eine große, ausgereifte Kraft dazu, Eigenes zu geben, wo sich gute und zum Teil glänzende Überlieferungen in Menge einstellen. Darum retten Sie sich vor den allgemeinen Motiven zu denen, die Ihnen Ihr eigener Alltag bietet; schildern Sie Ihre Traurigkeiten und Wünsehe, die vorübergehenden Gedanken und den Glauben an irgendeine Schönheit – schildern Sie das alles mit inniger, stiller, demütiger Aufrichtigkeit und gebrau-

dil, sakîn û rastgo taswîr bikin û ji bo xwe bînin ziman; tiştên devûdorê xwe, sûretên xewnên xwe û objeyên bîranînên xwe bikar bînin. Gava jiyana we ya rojane bi we xizan xuya dike, jê gazinan nekin; gazinan ji xwe bikin. Ji xwe re bibêjin, ku hûn hê şairek têr ninin ku dewlemendiyên wê derbixin holê, lewra ji bo aferînerekî xizanî û ciyekî feqîr û bêqîmet tuneye. Û hûn bi xwe di zîndanekî de bin, ku dîwarên wê nehêlin tu dengekî ji cihanê xwe bighîne we, ma wê gavê dîsa jî zaroktiya we, ev dewlemendiya delal û bêhempa, ev mala xezîneya bîranînan, bi we re namîne? Bala xwe bidin wê derê. Biceribînin ku wêneyên wendabûyî yê ji vê cihana han cardin derbixin holê, ew ê kesayetiya we dewlemend bibe; tenêtiya we zêdetir bibe û ew ê bibe xaniyekî ku tenê qelebalixiya kesên din di ber re derbas bibe. Û gava ji nihêrîna li kûrahiya dil, ji vê baldariya li cihana xwe misra derbikevin, hûn ê li wê nefikirin ku ji kesekî bipirsin, ka ev misra baş in yan na. Divê hûn neceribînin ku bala kovaran bikşînin ser wan. Lewra hûn ê di wan de milkê xwe yê delal yê sirûştî, perçeyek û dengek ji jiyana xwe bibînin. Berhemeke hunerî, gava ji mecbûriyetekê derkeve holê, baş e. Pîvan ev koka hanê ye; pîvaneke din tuneye. Ji ber vê jî, ezîzê hêja, ez nizanim xêncî vê tu pêşniyazekê ji we re bikim: berî xwe bidin dilê xwe û li wan kûrahiyên ku jiyana we jê der tê binihêrin. Di çavkaniya wan de hûn ê bersiva pirsa, ka hûn mecbûr in binivîsin, bibînin. Ew bi kîjan awayî dibe, bila bibe, wê qebul bikin –bêyî ku hûn wê şîrove bikin. Belkî der tê holê ku hûn wek hunermendekî hatine tayîn kirin. Wê gavê qedera xwe qebul bikin;

chen Sie, um sich auszudrücken, die Dinge Ihrer Umgebung, die Bilder Ihrer Träume und die Gegenstände Ihrer Erinnerung. Wenn Ihr Alltag Ihnen arm scheint, klagen Sie ihn nicht an; klagen Sie sich an, sagen Sie sich, daß Sie nicht Dichter genug sind, seine Reichtümer zu rufen; denn für den Schaffenden gibt es keine Armut und keinen armen, gleichgültigen Ort. Und wenn Sie selbst in einem Gefängnis wären, dessen Wände keines von den (Geräuschen der Welt zu Ihren Sinnen kommen ließen – hätten Sie dann nicht immer noch Ihre Kindheit, diesen köstlichen, königlichen Reichtum, dieses Schatzhaus der Erinnerungen? Wenden Sie dorthin Ihre Aufmerksamkeit. Versuchen Sie die versunkenen Sensationen dieser weiten Vergangenheit zu heben; Ihre Persönlichkeit wird sich festigen, Ihre Einsamkeit wird sich erweitern und wird eine dämmernde Wohnung werden, daran der Lärm der anderen fern vorüber geht. – Und wenn aus dieser Wendung nach innen, aus dieser Versenkung in die eigene Welt *Verse* kommen, dann werden Sie nicht daran denken, jemanden zu fragen, ob es gute *Verse* sind. Sie werden auch nicht den Versuch machen, Zeitschritten für diese Arbeiten zu interessieren: denn Sie werden in ihnen Ihren lieben natürlichen Besitz, ein Stück und eine Stimme Ihres Lebens sehen. Ein Kunstwerk ist gut, wenn es aus Notwendigkeit entstand. In dieser Art seines Ursprungs liegt sein Urteil: es gibt kein anderes. Darum, sehr geehrter Herr, wußte ich Ihnen keinen Rat als diesen: in sich zu gehen und die Tiefen zu prüfen, in denen Ihr Leben entspringt; an seiner Quelle werden Sie die Antwort auf die Frage finden, ob Sie schaffen *müssen.* Nehmen Sie sie, wie sie klingt, an, ohne daran zu deuten. Vielleicht erweist es sich, daß Sie berufen sind, Künstler zu sein. Dann nehmen Sie das Los auf sich, und tragen Sie es, seine Last und seine Größe, ohne

bi bar û mezinahîya wê û bêyî ku li wê mêze bikin, ka çiqas mukafat ji derve tê. Lewra divê aferîner ji bo xwe cihanek be; her tiştî di xwe û sirûştê de bibîne, ku ew xwe wek perçeyek wê qebul dike.

Belkî jî piştî vê lêhûrbûna derûnî û tenêtiyê hûn ê dev jê berbidin ku bibin şairek (weku min berê jî got, têr dike ku meriv hîs bike ku bêyî binivîse, bikare bijî). Lê dîsa jî ev lêhûrbûn, ya ku ez ji we rica dikim, li hêçê nine. Jiyana we miheqeq ji vê noqteyê pê ve wê ji xwe re rêyên din bibîne û ez ji bo we bi qasî tînim ziman zêdetir hêvî dikim, ku ew yên baş, dewlemend û fireh bin.

Ez ji we re wekî din çi bibêjim? Û wek gotina dawî ez ji we re pêşniyaz dikim ku hûn bi qerar û sakîn bikemilin; hûn ê tenê zirarê bidin vê pêvajoyê, gava hûn li derve binihêrin û li derve li benda cewabên pirsan bin ku tenê di seeta herî sakîn de dilê we dikare bide we.

Ji bo min bextewariyek bû ku ez di nameya we de navê profesor Horaček bibînim; rûmeta vî zanayê delal û mineta salan ya ji wî re li cem min zêde ye. Ji kerema xwe van hestên min bi wî re parve bikin û bibêjin ku ez dilşad im ku hê têm bîra wî. Ez bi vê qîmetdayînê dizanim.

Misrayên ku we bi camêrî dabûn min, ez cardin ji we re şûnda dişînim. Û ez cardin ji bo baweriya we ya ji dil û

je nach dem Lohne zu fragen, der von außen kommen könnte. Denn der Schaffende muß eine Welt für sich sein und alles in sich finden und in der Natur, an die er sich angeschlossen hat.

Vielleicht aber müssen Sie auch nach diesem Abstieg in sich und in Ihr Einsames darauf verzichten, ein Dichter zu werden (es genügt, wie gesagt, zu fühlen, daß man, ohne zu schreiben, leben könnte, um es überhaupt nicht zu dürfen). Aber auch dann ist diese Einkehr, um die ich Sie bitte, nicht vergebens gewesen. Ihr Leben wird auf jeden Fall von da ab eigene Wege finden, und daß es gute, reiche und weite sein mögen, das wünsche ich Ihnen mehr, als ich sagen kann.

Was soll ich Ihnen noch sagen? Mir scheint alles betont nach seinem Recht; und schließlich wollte ich Ihnen ja auch nur raten, still und ernst durch Ihre Entwicklung durchzuwachsen; Sie können sie gar nicht heftiger stören, als wenn Sie nach außen sehen und von außen Antwort erwarten auf Fragen, die nur Ihr innerstes Gefühl in Ihrer leisesten Stunde vielleicht beantworten kann.

Es war mir eine Freude, in Ihrem Schreiben den Namen des Herrn Professor Horaček zu finden; ich bewahre diesem liebenswürdigen Gelehrten eine große Verehrung und eine durch die Jahre dauernde Dankbarkeit. Wollen Sie ihm, bitte, von dieser meiner Empfindung sagen; es ist sehr gütig, daß er meiner noch gedenkt, und ich weiß es zu schätzen.

Die Verse, welche Sie mir freundlich vertrauen kamen, gebe ich Ihnen gleichzeitig wieder zurück. Und ich danke Ihnen nochmals für die Größe und Herzlichkeit Ihres Vertrauens, dessen ich mich durch diese aufrichtige, nach bestem Wissen gegebene

mezin ji we re spas dikim, ku bi vê cewaba xwe ya rasteqîn min xwast ez hinekî be jî wek xerîbekî layîqî wê bim.

Bi silavên germ

Rainer Maria Rilke

***

Antwort ein wenig würdiger zu machen suchte, als ich es, als ein Fremder, wirklich bin.

Mit aller Ergebenheit und Teilnahme:

Rainer Maria Rilke

***

2. Name

Li Viareggioya Pisayê (li Îtalyayê), 5ê Nîsana 1903yan

Birêzê delal û qedirbilind, divê hûn li min negrin ku ez ancax îro li nameya we ya 24ê Sibatê bi spasiyên xwe vedigerim: ji wê demê vir ve giraniyeke ewqas mezin li ser min hebû, ku min nikarîbû ez tu tiştî bikim. Digel ku ez nexweş nebûm, tiştekî weke grîbekê bi min re bû. Û di dawiyê de gava min dît ku ev êdî bi tu awayî wiha nameşe, ez çûm ber behra başûr, ku xweşikayiya wê berê jî alikariya min kiribû. Lê ez hîna jî sax nebûme, nivîsîn li min giran tê û loma jî divê hûn qîma xwe bi van kêm rêzan bînin.

Helbet divê hûn pê bizanibin ku bi her nameya we kêfa min tê; lê divê hûn bi sebir bin, gava bersiva min we destvala dihêle. Lewra bi taybetî di tiştên kûr û mûhîm de em bi rastî jî tenê ne; û ji bo ku yek bikaribe aliyê yekî din bike yan jî pêşniyazan lê bike, divê gelek av biherike, pirr tişt biqewimin. Ji bo ku tenê carekê be jî şansê meriv çêbibe, divê pirr tişt li hev werin.

Min dixwast ez îro ji we re du tiştan bibêjim: Kînaye (Îronî):

Bira ew hukim li we neke, xisûsen di demên ku hûn zêde nikarin biafirînin de. Lê di demên din de, gava hûn baş dinivîsin, biceribînin, ku ji wê îstifade bikin; wê weke alavekê di fehmkirina alemê de bibînin. Ku paqij hat bikar anîn, ew paqij e û divê meriv jê şerm neke. Û gava we dît, hûn bi wê re baş didin û distînin, ji wê hevnasîna ku her zêdetir dibe, bitirsin. Wê demê berî xwe bidin tiştên me-

2. Brief

Viareggio bei Pisa (Italien), am 5. April 1903

Sie müssen es mir verzeihen, lieber und geehrter Herr, daß ich Ihres Briefes vom 24. Februar erst heute dankbar gedenke: ich war die ganze Zeit leidend, nicht gerade krank, aber von einer influenza-artigen Mattigkeit bedrückt, die mich unfähig machte zu allem. Und schließlich, als es gar nicht anders werden wollte, fuhr ich an dieses südliche Meer, dessen Wohltun mir schon einmal geholfen hat. Aber ich bin noch nicht gesund, das Schreiben fällt mir schwer, und so müssen Sie diese wenigen Zeilen nehmen für mehr.

Natürlich müssen Sie wissen, daß Sie mich mit jedem Briefe immer erfreuen werden, und nur nachsichtig sein gegen die Antwort, die Sie vielleicht oft mit leeren Händen lassen wird, denn im Grunde, und gerade in den tiefsten und wichtigsten Dingen, sind wir namenlos allein, und damit einer dem anderen raten oder gar helfen kann, muß viel geschehen, viel muß gelingen, eine ganze Konstellation von Dingen muß eintreffen, damit es einmal glückt.

Ich wollte Ihnen heute nur noch zwei Dinge sagen: Ironie:

Lassen Sie sich nicht von ihr beherrschen, besonders nicht in unschöpferischen Momenten. In schöpferischen versuchen Sie es, sich ihrer zu bedienen, als eines Mittels mehr, das Leben zu fassen. Rein gebraucht, ist sie auch rein, und man muß sich ihrer nicht schämen; und fühlen Sie sich ihr zu vertraut, fürchten Sie die wachsende Vertraulichkeit mit ihr, dann wenden Sie sich an große und ernste Gegenstände, vor denen sie klein

zin û ciddî ku ev hevnasîn li hember wan piçûk û bêçare dibe. Li kûrahiya tiştan bigerin: Kînaye bi tu awayî xwe nagihîne wan deran – û gava hûn wiha ber bi peravê mezinahiyê diçin, lê mêze bikin, ka ev awayê fehmê perçeyek ji şexsiyeta we ye yan na. Lewra di bin tesîra tiştên ciddî de ew ê yan dev ji we berbide (gava kînaye tiştekî tesadufî be) yan jî (gava ew bi rastî aîdî we be) ew ê bibe alaveke ciddî û di nav wan alavên din yên ku hûn hunera xwe pê dihûnin de cî bigre.

Û tişta dudiyan ya ku ez dixwazim ji we re behsê bikim, ev e:

Kêm kitêb di nav kitêbên min de hene ku ez dev ji wan berdidim û tew du hev ji wan hertim di nava tiştên min de ne, ku ez li kûderê bim ew bi min re ne. Ew li vir jî bi min re ne: Încîl û kitêbên şairê mezin yê Danîmarkî *Jens Peter Jacobsen*. Ez niha li wê difikirim, ka gelo hûn berhemên wî nas dikin yan na. Hûn gelek hêsan dikarin wan peyda bikin, ji ber ku perçeyek ji wan di nav weşanxaneya (bi navê) Reclamê de bi wergereke gelek baş derketiye. Ji xwe re kitêboka *Şeş novel* ya J. P. Jacobsen û romana wî *Niels Lyhne* peyda bikin û bi novela pêşîn ya kitêbokê ya ku navê wê *Sibehan* e, destpê bikin. Hûn ê bi cîhanekê re rû bi rû bin; bi bextewarî, dewlemendî û mezihaniya ji fehmê der ya cîhanekê re. Demekê di nava van kitêban de bijîn; tiştên ku bi we kêrî hînbûnê ne, jê hîn bibin; lê ji vê jî mûhîmtir jê hez bikin. Ev hezkirina han bi hezar carî, bi hezar caran ew ê li we vegere û jiyana we çawa dimeşe, bira bimeşe – ew ê, ez bi vî tiştî emîn im, di nav hemû

und hilflos wird. Suchen Sie die Tiefe der Dinge: dort steigt Ironie nie hinab, – und wenn Sie so an den Rand des Großen führen, erproben Sie gleichzeitig, ob diese Auffassungsart einer Notwendigkeit Ihres Wesens entspringt. Denn unter dem Einfluß ernster Dinge wird sie entweder von Ihnen abfallen (wenn sie etwas Zufälliges ist), oder aber sie wird (so sie wirklich eingeboren Ihnen zugehört) erstarken zu einem ernsten Werkzeug und sich einordnen in die Reihe der Mittel, mit denen Sie Ihre Kunst werden bilden müssen.

Und das zweite, was ich Ihnen heute erzählen wollte, ist dieses:

Von allen meinen Büchern sind mir nur wenige unentbehrlich, und zwei sind sogar immer unter meinen Dingen, wo ich auch bin Sie sind auch hier um mich: die Bibel, und die Bücher des großen dänischen Dichters *Jens Peter Jacobsen.* Es fällt mir ein, ob Sie seine Werke kennen. Sie können sich dieselben leicht verschaffen, denn ein Teil derselben ist in Reclams Universal-Bibliothek in sehr guter Übertragung erschienen. Verschaffen Sie sich das Bändchen «Sechs Novellen» von J. P. Jacobsen und seinen Roman «Niels Lyhne», und beginnen Sie des ersten Bändchens erste Novelle, welche «Mogens» heißt. Eine Welt wird über Sie kommen, das Glück, der Reichtum, die unbegreifliche Größe einer Welt. Leben Sie eine Weile in diesen Büchern, lernen Sie davon, was Ihnen lernenswert scheint, aber vor allem lieben Sie sie. Diese Liebe wird Ihnen tausend- und tausendmal vergolten werden, und wie Ihr Leben auch werden mag, – sie wird, ich bin dessen gewiß, durch das Gewebe Ihres Werdens gehen als einer von den wichtigsten Fäden unter allen Fäden Ihrer Erfahrungen, Enttäuschungen und Freuden.

şopên tecrûbeyên we, şikestina hêviyen we û şabûnên we de şopa herî mûhîm be di avabûna şexsiyeta we de.

Gava ez bibêjim, ka ez ji kê hînî cewhera afirînê, kûrahî û ebediyeta wê bûme, ez ê bikaribim tenê du navan bibêjim: yê şairê mezin Jacobsen û yê heykeltiraş Auguste Rodin, ku yekî mîna wî îro di nava tevahiya hunermendan de tune ye!

Û serkeftin para we be!

Dostê we:

Rainer Maria Rilke

***

Wenn ich sagen soll, von wem ich etwas über das Wesen des Schaffens, über seine Tiefe und Ewigkeit erfuhr, so sind es nur zwei Namen, die ich nennen kann: den *Jacobsens* des großen, großen Dichters, und den *Auguste Rodins,* des Bildhauers, der seinesgleichen nicht hat unter allen Künstlern, die heute leben. –

Und alles Gelingen über Ihre Wege!

Ihr:

Rainer Maria Rilke

***

3. Name

Li Viareggioya Pisayê (li Îtalyayê), 23yê Nîsana 1903yan

Birêzê delal û qedirbilind, we bi nameya xwe ya paskalyayê ez gelek kêfxweş kirim, ji ber ku hûn di heqê xwe de pirr noqteyên baş tînin ziman. Û awayê ku hûn behsa hunera mezin û delal ya Jakobsen dikin, nîşanî min da ku ez şaş nebûm, gava min jiyana we û hemû pirsên wê ber bi vê kûrahiyê ve vegerand.

Êdî ew ê *Niels Lyhne*, kitêbeke ji yên kûrahî û mezinahiyê, her cara ku hûn wê bixwînin, xwe ji we re vebike: wiha xuya ye ku ji bîna herî bêdeng ya jiyanê hetanî tama têr û tijî ya fêkiyên wê, tev tê de hene. Di wê de tiştekî ku nehatibe fehm kirin, îdrak kirin, bihîstin û di bîranînan de deng venedabe, tuneye. Hûn rastî bextewariyeke mezin tên ku vê kitêba hanê cara pêşîn dixwînin û loma jî weke di nava xewneke nû de di nav surprîzên wê yên bêhed û hesab de derbas dibin. Lê ez dikarim ji we re bibêjîm ku meriv dû re jî serê carê di nava van kitêban de matmayî diçe û tê; ew ji vê hêza xwe ya bêhempa û efsûniya çîrokî, ya ku li ser xwendevanên cara pêşîn direşe, tiştekî wenda nakin.

3. Brief

Viareggio bei Pisa (Italien), am 23. April 1903

Sie haben mir, lieber und geehrter Herr mit Ihrem österlichen Briefe viel Freude gemacht; denn er sagte viel Gutes von Ihnen, und die Art, wie Sie über Jacobsens große und liebe Kunst sprachen, zeigte mir, daß ich nicht geirrt habe, als ich Ihr Leben und seine vielen Fragen an diese Fülle führte.

Nun wird sich Ihnen «Niels Lyne» auftun, ein Buch der Herrlichkeiten und der Tiefen; je öfter man es liest: es scheint alles darin zu sein von des Lebens allerleisestem Dufte bis zu dem vollen, großen Geschmack seiner schwersten Früchte. Da ist nichts, was nicht verstanden, erfaßt, erfahren und in des Erinnerns zitterndem Nachklingen erkannt worden wäre; kein Erleben ist zu gering gewesen, und das kleinste Geschehen entfaltet sich wie ein Schicksal, und das Schicksal selbst ist wie ein wunderbares, weites Gewebe, darin jeder Faden von einer unendlich zärtlichen fand geführt und neben einen anderen gelegt und von hundert anderen gehalten und getragen wird. Sie werden das große Glück erfahren, dieses Buch zum ersten Male zu lesen, und werden durch seine unzähligen Überraschungen gehen wie in einem neuen Traum. Aber ich kann Ihnen sagen, daß man auch später immer wieder als derselbe Staunende durch diese Bücher geht und daß sie nichts von der wunderbaren Macht verlieren und nichts von der Märchenhaftigkeit aufgeben, mit der sie den Lesenden das erste Mal überschütten.

Meriv hertim ji wan tamekê distîne, tim ji wan re spasdar e. Û di nihêrîna li devûdorê xwe de baştir û hêsantir; di baweriya bi jiyanê de kûrtir û di jiyanê bi xwe de jî bextewartir û mezintir dibe. –

Û piştî wê divê hûn kitêba mucîzevî ya qeder û xeyalên Marie Grubbe bixwînin û name û rojane û reşbelekên Jacobsen û nihayet misrayên wî (ku wergera wan ji rêzê ye) yên ku bi ahengeke ebedî dijîn. (Ji bo vê ez ji we re pêşniyaz dikim ku hûn ji xwe re çapa hemû berhemên wî – ku tevahiya vanan tê de cî digre – bikirrin. Ew di sê cildan de li Leipzigê di nav weşanxaneya Eugen Diederichs de derketin û bi qasî ku ez dizanim her cildekê wê tenê pênc yan jî şeş Mark e.)

Di baweriya xwe ya di heqê çîroka *Hier sollten Rosen stehen* ... de (ev berhema ku ji ber vê awahi û zerafeta xwe meriv nikare bişibîne tu berhemekê) hûn eksî kesê ku pêşgotin nivîsiye rast difikirin – bê şek û şuphe. Û ez dixwazim li vir bi vê munasebetê ricaya xwe bînim ziman: Heta ji we tê, tiştên rexneya estetîkî kêm bixwînin – ew yan fikrên aliyekî ne û di hişkbûna bê rûh de bê me'ne bûne û bûne kevir yan jî ew lîstikeke ji gotinan in, ku îro ev fikir serdest e û sibê jî fikra ziddî wê. Berhemên hunerî di tenêtiyeke bêdawî de ne û bi rexnekirinê meriv xwe nagihîne wan. Bi hezkirinê meriv nêzîkî wan dibe, ew li pê dimînin û meriv dikare bi vî awayî li hember wan adil be. – Di danûstandinek, rexneyek yan jî danasîneke bi vî awayî de, her car heq bidin xwe û hestên xwe; eger hûn

Man wird nur immer genießender an ihnen, immer dankbarer, und irgendwie besser und einfacher im Schauen, tiefer im Glauben an das Leben und im Leben seliger und größer. –

Und später müssen Sie das wunderbare Buch vom Schicksal und Sehnen der Marie Grubbe lesen und Jacobsens Briefe und Tagebuchblätter und Fragmente und endlich seine Verse, die (wenn sie auch nur mäßig übertragen sind) in unendlichem Klingen leben. (Dazu würde ich Ihnen raten, gelegentlich die schöne Gesamtausgabe von Jacobsens Werken – die alles das enthält – zu kaufen. Sie erschien in drei Bänden und gut übertragen bei Eugen Diederichs in Leipzig und kostet, soviel ich glaube, nur fünf oder sechs Mark pro Band.)

Mit Ihrer Meinung über «Hier sollten Rosen stehen ...» (dieses Werk von so unvergleichlicher Feinheit und Form) haben Sie natürlich gegen den, der die Einleitung geschrieben hat, ganz, ganz unantastbar recht. Und es sei hier gleich die Bitte gesagt: Lesen Sie möglichst wenig ästhetisch-kritische Dinge, – es sind entweder Parteiansichten, versteinert und sinnlos geworden in ihrem leblosen Verhärtetsein, oder es sind geschickte Wortspiele, bei denen heute diese Ansicht gewinnt und morgen die entgegengesetzte. Kunst-Werke sind von einer unendlichen Einsamkeit und mit nichts so wenig erreichbar als mit Kritik. Nur Liebe kann sie erfassen und halten und kann gerecht sein gegen sie. – Geben Sie jedesmal *sich* und Ihrem Gefühl recht, jeder solchen Auseinandersetzung, Besprechung oder Einführung gegenüber; sollten Sie doch unrecht haben, so wird das natürliche Wachstum Ihres inneren Lebens Sie langsam und mit der Zeit zu anderen Erkenntnissen führen. Lassen Sie ihren Urteilen die eigene stille, ungestörte Entwicklung, die, wie je-

li ser rêya şaş bin jî, ew ê kemilîbûna dilê we bi awayekî sirûştî û hêdî-hêdî û di nav deman re vê fehm û ferasetê bide we. Di qerar, fikr û ramanên xwe de cî bidin kemilîbûna xwe ya sakîn û tabiî, ku weke her pêşveçûnekê, divê kûr ji hundirê we derkeve; neyê xera kirin û bilez kirin. Her tişt pêşîn hemil dibe û dû re dizê. Her hizir û nûveya hestekê divê di tariyê de, di halê ne îfadekirinê de, di dil de, di ne fehmkirina bi aqil de bikemile û bi dawî bibe; bi sebreke cemîl û mezin li benda ronîbûnê bisekine: jiyîna hûnerî ev e: di fehmkirin û avakirinê de.

Mêzîna demê li vir nîne, qîmeta salekê tuneye, û deh sal tiştek ninin; hunermendî tê vê me'neyê: napîve û najmêre. Hunermendî mezinbûna weke darekê ye ku fêkiyê xwe navêje û di ba û bahoza biharê de bêyî bitirse ku havîn nayê, sekinîn e. Ew miheqeq tê. Lê ew tenê bi ser yên bi sebir de tê; yên ku dibêjin qey ebediyet li pêşiya wan e; ewqas bê keder, sakîn û fireh. Ez herroj hînî vê dibim, di binê êşan de, ku ez spasdarê wan'im: Sebir her tişt e.

Richard Dehmel: Ez gava kitêbên wî dixwînim û rastî rûpeleke rind têm, ji ya piştî wê ditirsim, ku her tiştî dîsa xera bike û tişta layîqî hezkirinê bê qedr û qîmet bike. We ew bi gotina «weke di wextê gonê de dijî û dinivîse» gelek baş terîf kiriye. – Û bi rastî jî jiyana hunerî ewqas nêzîkî ya cinsî ye, nêzîkî êş û zewqa wê ye, ku herdu rûdan di rastiyê de du awayên cihê yên eynî hêvî, yên eynî bextewariyê ne. Û gava meriv bikarîbaya di şûna kelîmeya «gon» de cinsiyet bikarbianîbaya; cinsiyet di

der Fortschritt, tief aus innen kommen muß und durch nichts gedrängt oder beschleunigt werden kann. *Alles* ist austragen und dann gebären. Jeden Eindruck und jeden Keim eines Gefühls ganz in sich, im Dunkel, im Unsagbaren, Unbewußten, dem eigenen Verstande Unerreichbaren sich vollenden lassen und mit tiefer Demut und Geduld die Stunde der Niederkunft einer neuen Klarheit abwarten: das allein heißt künstlerisch leben: im Verstehen wie im Schaffen.

Da gibt es kein Messen mit der Zeit, da gilt kein Jahr, und zehn Jahre sind nichts, Künstler sein heißt: nicht rechnen und zählen; reifen wie der Baum, der seine Säfte nicht drängt und getrost in den Stürmen des Frühlings steht ohne die Angst, daß dahinter kein Sommer kommen könnte. Er kommt doch. Aber er kommt nur zu den Geduldigen, die da sind, als ob die Ewigkeit vor ihnen läge, so sorglos still und weit. Ich lerne es täglich, lerne es unter Schmerzen, denen ich dankbar bin: *Geduld* ist alles!

Richard Dehmel: Mir geht es mit seinen Büchern (und nebenbei gesagt auch mit dem Menschen, den ich flüchtig kenne) so, daß, wenn ich eine seiner schönen Seiten gefunden habe, ich mich immer vor der nächsten fürchte, die alles wieder zerstören und das Liebenswerte in Unwürdiges verkehren kann. Sie haben ihn ganz gut charakterisiert mit dem Wort: «brünstig leben und dichten». – Und tatsächlich liegt ja künstlerisches Erleben so unglaublich nahe am geschlechtlichen, an seinem Weh und seiner Lust, daß die beiden Erscheinungen eigentlich nur verschiedene Formen einer und derselben Sehnsucht und Seligkeit sind. Und wenn man statt Brunst – Geschlecht sagen dürfte, Geschlecht im großen, weiten, reinen, durch keinen

me'neya fireh, mezin, pak de û ne di me'neya şuphedar ya dêrê de, wê demê hunera wî gelek mezin û heta-heta mûhîm bû. Hêza wî ya hunerî mezin e û weke hêza derûnî bi hêz e; di wê de rîtmeke serbixwe ya bêsinor heye û weke ji çiyayekî biherike, jê diherike.

Lê wiha xuya ye ku ev hêz timî caran durist û saf nine. (Lê ev ji bo kesê ku diafirîne îmtihanek e: divê ew ji xisletên xwe yên baştirîn bê xeber bimîne, gava ew bixwaze, ku ji azadî û safbûna xwe tiştekî wenda neke!) Û dû re gava vê hêza han pişta xwe da cinsiyetê, ew miroveki pak û paqij yê ku jê re lazim e, nabîne. Li vir dunyayeke cinsî ya paqij û kamilbûyî -yeke bi têra xwe însanî tune ye. Tenê dunyayeke cinsî ya mêran, ya wextê gonê heye ku bê sebir û tebat e, serxoş e û bi hukmên pêşîn têr û tijî ye, ku mêrik bi vanan evîn guheriye û bar kiriye. Ji ber ku ew tenê wek mêr hez dike -ne wek mirov, di hestên wî yên cinsî de tiştekî teng, wehşî, ne rind, bi dawî, mexdûd heye, ku ev tev qîmeta hunera wî kêm dikin, wê dikin du perçe û bi şuphe. Ew bê qisûr nine, mohra demê li ser wê heye û ji ihtîrasan hatiye meydanê. Û ew ê qismek piçûk tenê ji wê bimîne û bijî. (Pirraniya hunerê bi vî awayî ye!) Dîsa jî meriv dikare bi mezinahiyên tê de pirr şa bibe, lê divê li xwe miqat be ku tê de wenda nebe û nebe terefdarê cîhana Dehmel ya ku ji jinberdayînê, tevlihevbûnê û êşê pêk tê û ji qedera rast ya mirovan dûr e. Ku ev qeder di nav xwe de ji van tiştan zêdetir êşê dihewîne û dîsa zêdetir derfetan dide mezinahiyê û zêdetir hêvî jî dide ebediyetê.

Kirchenirrtum verdächtigten Sinne, so wäre seine Kunst sehr groß und unendlich wichtig. Seine dichterische Kraft *ist* groß und wie ein Urtrieb stark, sie hat eigene rücksichtslose Rhythmen in sich und bricht wie aus Bergen aus ihm aus.

Aber es scheint, daß diese Kraft nicht immer ganz aufrichtig und ohne Pose ist. (Aber das ist ja auch eine der schwersten Prüfungen an dem Schaffenden: er muß immer der Unbewußte, der Ahnungslose seiner besten ,Tugenden bleiben, wenn er diesen nicht ihre Unbefangenheit und Unberührtheit nehmen will!) Und dann, wo sie, durch sein Wesen rauschend, zum Geschlechtlichen kommt, da findet sie keinen ganz *so* reinen Menschen, wie sie ihn brauchte. Da ist keine ganz reife und reine Geschlechtswelt, eine, die nicht *menschlich* genug, die nur *männlich* ist, Brunst ist, Rausch und Ruhelosigkeit, und beladen mit den alten Vorurteilen und Hofarten, mit denen der Mann die Liebe entstellt und beladen hat. Weil er *nur* als Mann liebt, nicht als Mensch, darum ist in seiner Geschlechtsempfindung etwas Enges, scheinbar Wildes, Gehässiges, Zeitliches, Unewiges, das seine Kunst verringert und sie zweideutig und zweifelhaft macht. Sie ist *nicht* ohne Makel, sie ist gezeichnet von der Zeit und von der Leidenschaft, und wenig aus ihr wird dauern und bestehen. (Die meiste Kunst ist aber so!) Aber trotzdem kann man sich an dem, was in ihr Großes ist, tief freuen und muß nur nicht daran verloren gehen und Anhänger jener Dehmelschen Welt werden, die so unendlich bange, voll Ehebruch und Wirrnis, ist und fern von den wirklichen Schicksalen, die mehr leiden machen als diese zeitlichen Trübnisse, aber auch mehr Gelegenheit zu Größe geben und mehr Mut zur Ewigkeit.

Her çi kitêbên min in, min ji dil dixwast ez wanên ku kêfa we tîne ji we re bişînim. Lê ez pirr feqîr im û gava ew careke çap bûn, êdî ne malê min in. Ez bi xwe nikarim wan bikirrim –û her çiqas gelek caran dixwazim jî, nikarim wan bidim mirovên ku hezkirinê didin wan.

Loma jî ez li ser kaxezekê nav (û weşanxane)yên kitêbên min yên vê dawiyê çapbûne (bi giştî hetanî niha min 12–13 hev weşandine), dinivîsim û divê, birêzê hêja, qerarê ji we re bihêlim, ka hûn serê carê ji wan tiştekî dikirrin yan na.

Ku ez bizanibim kitêbên min li cem we ne, ez ê pê kêfxweş bibim.

Bi xatirê we!

Dostê we:

Rainer Maria Rilke

Was endlich meine Bücher anlangt, so mochte ich Ihnen am liebsten alle senden, die Sie irgend freuen könnten. Aber ich bin sehr arm, und meine Bücher gehören, sobald sie einmal erschienen sind, nicht mehr mir. Ich kann sie selbst nicht kaufen – und, wie ich so oft möchte, denen geben, die ihnen Liebes erweisen würden.

Deshalb schreibe ich Ihnen auf einen Zettel die Titel (und Verlage) meiner jüngst erschienenen Bücher (der neuesten, im ganzen habe ich wohl 12 oder 13 veröffentlicht) auf und muß es Ihnen, lieber Herr überlassen, sich gelegentlich mal etwas davon zu bestellen.

Ich weiß meine Bücher gerne bei Ihnen.

Leben Sie wohl!

Ihr:

Rainer Maria Rilke

4. Name

Li Worpswedeya nêzîkî Bremenê, 16ê Tîrmeha 1903yan

Bi qasî deh roj berê, westiyayî û bi êşan, min Paris li dû xwe hişt û çûm deşteke mezin ya li Bakur, da ku firehî û bêdengî û ewrên wê min cardin sax bikin. Lê ez rastî baraneke dirêj hatim ku ancax îro hineki sekinî û ewrên bi ba û bahoz hinekî cî dan tirîncan. Û ez ji ronahiya van lehzeyên pêşîn îstifade dikim, da ku silavekê bidim we, birêzê hêja.

Birêzê delal Kappus, min nameyeke we demeke dirêj bê bersiv hişt; ne ku min ew ji bîr kiribû –bereks: ew yek ji wan nameyan bû ku meriv cardin dixwîne, gava wê di nav nameyan dibîne. Û min di wê de, weke ku ji gelek nêzîk ve, hûn cardin nas kirin. Ew name ji dudiyê Gulanê bû û miheqeq tê bîra we. Gava ez wê – weke niha li vî mekanê dûr û bêdeng – dixwînim, tirsa we ya delal ya li hember jiyanê li vir ji ya ku min li Parisê hîs dikir, zêdetir tesîrê li min dike. Ji ber ku li wê derê her tişt bi awayekî din dixwiyê û deng ji hedê xwe zêdetir e. Li vir, ku deşteke ecêb dor li te pêçaye û di ser behrê re ba diçin û tên, ez hîs dikim ku tu mirov nikare bersiva wan pirs û hestan, ku di kûrahiya wan de jiyaneke serbixwe heye, bide. Lewra mirovên herî baş jî di hilbijartina peyivan de xwe şaş dikin, gava ew bixwazin tişta nehatiye gotin, îfade bikin û me'neyeke piçûk bidinê. Lê ez dîsa jî bawer dikim ku divê hûn bê bersiv nemînin, gava hûn xwe li tiştên ku ez niha bi çavên xwe dibînim, bigrin. Gava hûn xwe li sirûştê

4. Brief

z. Zt. Worpswede bei Bremen, am 16. Juli 1903

Vor etwa zehn Tagen habe ich Paris verlassen, recht leidend und müde, und bin in eine große nördliche Ebene gefahren, deren Weite und Stille und Himmel mich wieder gesund machen soll. Aber ich fuhr in einen langen Regen hinein, der heute erst sich ein wenig lichten will über dem unruhig wehenden Land; und ich benutze diesen ersten Augenblick Helle um Sie zu grüßen, lieber Herr.

Sehr lieber Herr Kappus: Ich habe einen Brief von Ihnen lange ohne Antwort gelassen, nicht daß ich ihn vergessen hätte – im Gegenteil: er war von der Art derer, die man wieder liest, wenn man sie unter den Briefen findet, und ich erkannte Sie darin wie aus großer Nähe. Es war der Brief vom zweiten Mai, und Sie erinnern sich seiner gewiß. Wenn ich ihn, wie jetzt, in der großen Stille dieser Ferne lese, dann rührt mich Ihre schöne Sorge um das Leben, mehr noch, als ich das schon in Paris empfunden habe, wo alles anders anklingt und verhallt wegen des übergroßen Lärmes, von dem die Dinge zittern. Hier, wo ein gewaltiges Land um mich ist, über das von den Meeren her die Winde gehen, hier fühle ich, daß auf jene Fragen und Gefühle, die in ihren Tiefen ein eigenes Leben haben, nirgend ein Mensch Ihnen antworten kann; denn es irren auch die Besten in den Worten, wenn sie Leisestes bedeuten sollen und fast Unsägliches. Aber ich glaube trotzdem, daß Sie nicht ohne Lösung bleiben müssen, wenn Sie sich an Dinge halten, die denen ähnlich sind, an welchen jetzt meine Augen sich erholen. Wenn Sie sich an die Natur halten, an das Einfache in

bigrin, li tiştên hêsan yên di wê de; li yên piçûk, ku hema bibêje kes nabîne, lê dikare mezin û bê pîvan bibe; gava hûn ji van tiştên piçûk û bê qîmet hez bikin û weke xizmetkarekî ji rêzê li nêzikahiya wan bigerin, ew ê wê demê her tişt bi we hêsan, lihevhatî û yekbûyî be – belkî ne li gorî aqilê we, ku matmayî li pêy mêze dike; lê di kûrahiya dilê we de, di hişyarbûn û zanebûna we de. Hûn hê gelek ciwan in, bi taybetî jî di destpêkê de ne. Û loma ez bi hemû hêza xwe rica dikim ku hûn, birêzê hêja, li hember her tiştê ku we di dilê xwe de safî nekiriye, bi sebir bin û lê bigerin ku ji pirsan bi xwe weke odeyên girtî; weke kitêbên bi zimanekî gelek xerîb hatine nivîsîn, hez bikin. Li wan bersivên ku meriv nikare bide we, negerin, ji ber ku we nikarîbûye hûn wan bijîn. Û ji xwe mesele jî ev e ku meriv her tiştî bijî. Pirsên xwe niha bijîn. Belkî rojeke dûr, bêyî ku we ferq kiribe, hûn ê di nav bersivên xwe de bijîn. Belkî di dilê we de xisleta ku hûn biafirînin û biguherînin heye, ku weke awayekî pak, paqij û pîroz yê jiyanê ye. Xwe di vê hêlê de bi vî awayî perwerde bikin; lê tişta ku ji we re jî tê ji dil qebûl bikin; hema ji bêçaretiyê be jî, ji daxwazê be jî, wê qebûl bikin û ji tu tiştî nefret nekin. Erê, cinsiyet zehmet e. Her hişta ku li me hatiye ferz kirin, zehmet e. Hema bibêjê her tişta ciddî zor û zehmet e û her tişt jî ciddî ye. Gava hûn vê nas bikin û werin ser wê qeneetê ku ji dilê xwe, ji awa û avahiya xwe, ji tecrûbe û zaroktî û hêza xwe, têkiliyekê bi cinsiyetê re ava bikin (yeke ku ne di binê tesîra orf û adetan de ye), hûn ê wê demê netirsin, ku kesayetî û şerefa xwe wenda bikin.

ihr, an das Kleine, das kaum einer sieht, und das so unversehens zum Großen und Unermeßlichen werden kann; wenn Sie diese Liebe haben zu dem Geringen und ganz schlicht als ein Dienender das Vertrauen dessen zu gewinnen suchen, was arm scheint: dann wird Ihnen alles leichter, einheitlicher und irgendwie versöhnender werden, nicht im Verstande vielleicht, der staunend zurückbleibt, aber in Ihrem innersten Bewußtsein, Wach-sein und Wissen. Sie sind so jung, so vor allem Anfang, und ich mochte Sie, so gut ich es kann, bitten, lieber Herr Geduld zu haben gegen alles Ungelöste in ihrem Herzen und zu versuchen, *die Fragen selbst* liebzuhaben wie verschlossene Stuben und wie Bücher, die in einer sehr fremden Sprache geschrieben sind. Forschen Sie jetzt nicht nach den Antworten, die Ihnen nicht gegeben werden können, weil Sie sie nicht leben könnten. Und es handelt sich darum, alles zu leben. *Leben* Sie jetzt die Fragen. Vielleicht leben Sie dann allmählich, ohne es zu merken, eines fernen Tages in die Antwort hinein. Vielleicht tragen Sie ja in sich die Möglichkeit, zu bilden und zu formen, als eine besonders selige und reine Art des Lebens; erziehen Sie sich dazu, – aber nehmen Sie das, was kommt, in großem Vertrauen hin, und wenn es nur aus Ihrem Willen kommt, aus irgendeiner Not Ihres Innern, so nehmen Sie es auf sich und hassen Sie nichts. Das Geschlecht ist schwer; ja. Aber es ist Schweres, was uns aufgetragen wurde, fast alles Ernste ist schwer, und alles ist ernst. Wenn Sie das nur erkennen und dazu kommen, aus sich, aus *Ihrer* Anlage und Art, aus *Ihrer* Erfahrung und Kindheit und Kraft heraus ein ganz eigenes (von Konvention und Sitte nicht beeinflußtes) Verhältnis zu dem Geschlecht zu erringen, dann müssen Sie

Zewqa bedenî tecrûbeyeke bi hestan e; weke mêzekirin yan jî hesta sade ya ku meriv hîs dike, gava fêkiyeke xweş li ser zimanê meriv e. Ew tecrûbeyeke mezin û ebedî ye, ku bi me hatiye dayîn; ew zanîneke di heqê dunyayê de ye, yekûn û şemala tevahiya zanînê ye. Û bidestxistina wê ne tiştekî xerab e; xerab ev e ku ev hemû tecrûbe tên sûî – istimal kirin û xerc kirin. Û ew di noqteyên westiyayî yên jiyanê de tên bi cî kirin; di ser de jî ne wek kombûna hîsên bala, lê tenê ji bo derbaskirina wextê. Mirovan xwarin jî kirin tiştekî din: Mecbûriyetê li aliyekî, îsrafê li aliyê din zelalbûna vê pêdiviya hanê şêlû kirin û tevahiya pêdiviyên kûr û hêsan yên jiyan xwe tê de nû dike – mîna vê – şêlû bûn. Lê her mirovek ji bo xwe dikare wan zelal bike û zelal bijî (û gava her kesek bi serê xwe vê neke, divê wê demê yê bi tenê wê bike). Ew dikare bînê bîra xwe ku tevahiya bedewiya di heywan û nebat de awayekî sakîn û bêdawî ya evîn û hesretê ye. Û ew weke heywanê dibîne, dikare nebatê jî bibîne – bi sebir û amade ku bibe perçeyek jê, zêde û mezin bibe ne ji ber zewqa fizîkî, ne ji ber êşa fizîkî, serê xwe ji mecbûriyetan re tewandî, ku ji zewq û êşê mezintir û ji daxwaz û berxwedanê dijwartir in. Xwezila însan bi vê sirra han, ku cîhan hetanî tiştên piçûk jî bi wê têr û tijî ye, bihesiya û ciddiyeta wê qebûl bikira, û hîs bikira ku ew çiqas tiştekî mezin e ku meriv nikare bi piçûkbûna wê razî bibe. Xwezila ew li hember afirîneriya xwe bi rûmet ba – çi afirîna bedenî û çi jî ya rûhî, ku herdu jî yek in, lewra afirîna rûhî ji ya fizîkî tê meydanê, herdu eynî hebûn in û ew tenê weke tekrara bêdeng, ebedî û bi coş ya zewqa bedenî ya jinê ye. «Fikra ku kesekî afirîner be, bizê

nicht mehr fürchten, sich zu verlieren und unwürdig zu werden Ihres besten Besitzes.

Die körperliche Wollust ist ein sinnliches Erlebnis, nicht anders als das reine Schauen oder das reine Gefühl, mit dem eine schöne Frucht die Zunge füllt; sie ist eine große, unendliche Erfahrung, die uns gegeben wird, ein Wissen von der Welt, die Fülle und der Glanz alles Wissens. Und nicht, daß wir sie empfangen, ist schlecht; schlecht ist, daß fast alle diese Erfahrung mißbrauchen und vergeuden und sie als Reiz an die müden Stellen ihres Lebens setzen und als Zerstreuung statt als Sammlung zu Höhepunkten. Die Menschen haben ja auch das Essen zu etwas anderem gemacht: Not auf der einen, Überfluß auf der anderen Seite haben die Klarheit dieses Bedürfnisses getrübt, und ähnlich trübe sind alle die tiefen, einfachen Notdürfte geworden, in denen das Leben sich erneuet. Aber der einzelne kann sie für sich klären und klar leben (und wenn nicht der einzelne, der zu abhängig ist, so doch der Einsame). Er kann sich erinnern, daß alle Schönheit in Tieren und Pflanzen eine stille dauernde Form von Liebe und Sehnsucht ist, und er kann das Tier sehen, wie er die Pflanze sieht, geduldig und willig sich vereinigend und vermehrend und wachsend nicht aus physischer Lust, nicht aus physischem Leid, Notwendigkeiten sich neigend, die größer sind als Lust und Leid und gewaltiger denn Wille und Widerstand. O daß der Mensch dieses Geheimnis, dessen die Erde voll ist bis in ihre kleinsten Dinge demütiger empfinge und ernster trüge, ertrüge und fühlte, wie schrecklich schwer es ist, statt es leicht zu nehmen. Daß er ehrfürchtig wäre gegen seine Fruchtbarkeit, die nur *eine* ist, ob sie geistig oder körperlich scheint; denn auch das geistige

û çêbike» tiştekî îfade nake, gava ew di cîhanê de tim neyê îsbat kirin û neyê bi cî anîn; gava ew bi hezar awayên cihê yên heywanan û tiştan neyê pejirandin – û zewqa wê bi qasî ku nayê terîf kirin zêde xweş û dewlemend e, ji ber ku ew bi bibîranîna bi milyonan zayîn û çêbûnan ve girêdayî ye. Di fikra afirînê de hezar şevên evînê yên ji bîr bûyî ji nû ve dijîn û wê bi mezinahî û hêzê tijî dikin. Û yên ku bi şevan tên cem hev û di dergûşa şehwetê de bi hev re hûnandî ne, karekî ciddî dikin û şirînahî, kûrahî û hêzê ji bo strana şairekî paşerojê kom dikin, ku rabe û xweşikiyên nayên îfade kirin, bibêje. Û ew paşerojê tînin cem xwe; ew xwe şaş bikin û famkor bin jî, paşeroj dîsa tê, mirovekî nû radibe ser piyan û li ser hîmê tesadufê, ku xuya ye li vir diqewime, qanûn ji nû ve şiyar dibe û di hemla dê te toximeke zexm î qewî xwe digihîne hêkê, ku li bendê ye. Bira tiştên sethî we şaş nekin; di kûrahiyê de her tişt dibe qanûn. Û yên ku vê sirrê şaş û xirab dijîn (mirovên ewha gelek in), wê ji bo xwe wenda dikin û bêyî ku bizanibin wê didin kesên din, weke nameyeke girtî. Û ji ber pirrbûna navan û tevlihevbûna bûyeran bira serê we tevlihev nebe. Belkî di ser vanan tevan de dêyek heye – weke hêviyeke muşterek. Bedewbûna bakîreyekê, hebûnekê, «ku (wekî hûn baş îfade dikin) hê tiştekî neaniye meydanê» dêbûn e. Ew xwe amade dike, ditirse û hêvî dike. Û bedewbûna dê, dêbûneke xizmetkirinê ye û di pîrejinikê de bîranîneke mezin e. Û di zilam de jî dêbûnek heye; wiha bi min xuya dike ku yeke ruhî û bedenî ye; çêkirina wî jî awayekî zayînê ye û zayîn ew e ku ew ji dil û can biserkeve. Û belkî cinsiyet, ji qasî ku meriv texmîn dike, zêdetir nêzîkî hev

Schaffen stammt von dem physischen her, ist eines Wesens mit ihm und nur wie eine leisere, entzücktere und ewigere Wiederholung leiblicher Wollust. «Der Gedanke, Schöpfer zu sein, zu zeugen, zu bilden», ist nichts ohne seine fortwährende, große Bestätigung und Verwirklichung in der Welt, nichts ohne die tausendfältige Zustimmung aus Dingen und Tieren, – und sein Genuß ist nur deshalb so unbeschreiblich schön und reich, weil er voll ererbter Erinnerungen ist aus Zeugen und Gebären von Millionen. In einem Schöpfergedanken leben tausend vergessene Liebesnächte auf und erfüllen ihn mit Hoheit und Höhe. Und die in den Nächten zusammenkommen und verflochten sind in wiegender Wollust, tun eine ernste Arbeit und sammeln Süßigkeiten an, Tiefe und Kraft für das Lied irgendeines kommenden Dichters, der aufstehen wird, um unsägliche Wonnen zu sagen. Und rufen die Zukunft herbei; und wenn sie auch irren und sich blindlings umfassen, die Zukunft kommt doch, ein neuer Mensch erhebt sich, und auf dem Grunde des Zufalls, der hier vollzogen scheint, erwacht das Gesetz, mit dem ein widerstandsfähiger kräftiger Samen sich durchdrängt zu der Eizelle, die ihm offen entgegenzieht. Lassen Sie sich nicht beirren durch die Oberflächen; in den Tiefen wird alles Gesetz. Und die das Geheimnis falsch und schlecht leben (und es sind sehr viele), verlieren es nur für sich selbst und geben es doch weiter wie einen verschlossenen Brief, ohne es zu wissen. Und werden Sie nicht irre an der Vielheit der Namen und an der Kompliziertheit der Fälle. Vielleicht ist über allem eine große Mutterschaft, als gemeinsame Sehnsucht. Die Schönheit der Jungfrau, eines Wesens, «das (wie Sie so schön sagen) noch nichts geleistet hat», ist Mutterschaft, die sich ahnt und vorbereitet, ängstigt und sehnt. Und der Mutter Schönheit ist dienen-

in. Û bi îhtimalekê nûkirina mezin ya cîhanê ew e ku zilam û keç – ji tevahiya hestên şaş û bêtam xwe xilaskirî – hevdû ne wek tezat bibînin. Hevdû wek xwişkûbira û cîran bibînin û wek mirov werin ba hev, da ku bi ciddiyet, sebir û hêsanî barê cinsiyeta ku li wan hatiye bar kirin, bi hev re rabikin.

Lê hemû tiştên ku dê carek hemû mirov bikaribin bînin cî, mirovê tenê dikare niha amade bike û bi destên xwe çêbike, ku kêm şaş dikin. Loma, birêzê hêja, ji tenêbûna xwe hez bikin û êşa ku ew sebebiyê jê re dike, bi lomeyên xweşaheng pişt bike. Lewra hûn dibêjin, yên ku nêzîkî we ne, dûr in û ev jî nîşan dide ku devûdorê we firehtir dibe. Û gava nêzîkên we dûr bin, dûrbûna we di binê stêrkan de ye û pirr mezin e. Ji ber kemilîbûna xwe, ku kes nikare tevlî bibe, şa bibin. Li hember kesên, ku we li dû xwe hiştiye, baş bin û bi wan ewle bin û bira pişta we bi wan rast be. Û bi dudiliya xwe eziyetê nedin wan û bi xweşbînî û kêfa xwe, ku hûn fehm nakin, wan netirsînin. Bi wan re li şirîkayiyeke sade û dilsoz bigerin, ku divê bi xwe bê guherîn, gava hûn jî biguherin. Di wan de ji jiyaneke bi awayekî xerîb hez bikin û bira sebra we li hember mirovên kal û pîr dibin hebe, gava ew ji tenêtiyê ditirsin, ku hûn pê eyan in. Wê agirê ku di navbera dêûbav û zarokan de heye, gurr nekin. Lewra wê demê ji zarokan re pirr hêz û quwet lazim e û hezkirina rûspiyan jî kêm dibe, ku tesîr û germahiya wê, herçiqas te fehm nekin jî, dom dike. Ji wan pêşniyazan nexwezin û hêviya fehmkirinê ji wan nepên, lê bira baweriya we bi wê evînê hebe, ku ji bo we wek mî-

de Mutterschaft, und in der Greisin ist eine große Erinnerung. Und auch im Mann ist Mutterschaft, scheint mir, leibliche und geistige; sein Zeugen ist auch eine Art Gebären, und Gebären ist es, wenn er schafft aus innerster Fülle. Und vielleicht sind die Geschlechter verwandter, als man meint, und die große Erneuerung der Welt wird vielleicht darin bestehen, daß Mann und Mädchen sich, befreit von allen Irrgefühlen und Unlüsten, nicht als Gegensätze suchen werden, sondern als Geschwister und Nachbarn und sich zusammentun werden als *Menschen*, um einfach, ernst und geduldig das schwere Geschlecht, das ihnen auferlegt ist, gemeinsam zu tragen.

Aber alles, was vielleicht einmal vielen möglich sein wird, kann der Einsame jetzt schon vorbereiten und bauen mit seinen Händen, die weniger irren. Darum, lieber Herr, lieben Sie Ihre Einsamkeit, und tragen Sie den Schmerz, den sie Ihnen verursacht, mit schön klingender Klage. Denn die Ihnen nahe sind, sind fern, sagen Sie, und das zeigt, daß es anfängt, weit um Sie zu werden. Und wenn Ihre Nähe fern ist, dann ist Ihre Weite schon unter den Sternen und sehr groß; freuen Sie sich Ihres Wachstums, in das Sie ja niemanden mitnehmen können, und seien Sie gut gegen die, welche zurückbleiben, und seien Sie sicher und ruhig vor ihnen und quälen Sie sie nicht mit Ihren Zweifeln und erschrecken Sie sie nicht mit Ihrer Zuversicht oder Freude, die sie nicht begreifen könnten. Suchen Sie sich mit ihnen irgendeine schlichte und treue Gemeinsamkeit, die sich nicht notwendig verändern muß, wenn Sie selbst anders und anders werden; lieben Sie an ihnen das Leben in einer fremden Form und haben Sie Nachsicht gegen die alternden Menschen, die das Alleinsein fürchten, zu dem Sie Ver- trauen haben. Vermeiden Sie, jenem Drama, das

rasekê tê parastin û pê îtimad bikin ku di vê hezkirinê de hêz û rehmetek heye, ku gava hûn bixwazin pêş de biçin, lizûm nake ku hûn ji wê dev berdin.

Baş e ku hûn pêşîn bi pîşeyekê destpê dikin, ku we serbixwe dike û bi her awayî we li ser nigan dihêle. Bi sebir mêze bikin, ka dilê we bi awayê vî pîşeyê han xwe sinorkirî hîs dike yan na. Bi min wiha tê ku ew gelek zehmet e û ji mirov pirr tiştan dixwaze, ji ber ku ew di binê barê adetên mezin de ye û cî nade ku meriv li gorî şexsiyeta xwe hin karan bike. Lê ew ê tenêtiya we di bin şert û mercên gelek biyanî de ji we re bibe sîper û war. Û ji vê noqteyê pê ve hûn ê rêya xwe bibînin. Ew ê hemû hêviyên min bi we re bin û baweriya min bi we re heye.

Dostê we

Rainer Maria Rilke

zwischen Eltern und Kindern immer ausgespannt ist, Stoff zuzuführen; es verbraucht viel Kraft der Kinder und zehrt die Liebe der Alten auf, die wirkt und wärmt, auch wenn sie nicht begreift. Verlangen Sie keinen Rat von ihnen und rechnen Sie mit keinem Verstehen; aber glauben Sie an eine Liebe, die für Sie aufbewahrt wird wie eine Erbschaft, und vertrauen Sie, daß in dieser Liebe eine Kraft ist und ein Segen, aus dem Sie nicht herausgehen müssen, um ganz weit zu gehen!

Es ist gut, daß Sie zunächst in einen Beruf münden, der Sie selbständig macht und Sie vollkommen auf sich selbst stellt in jedem Sinne. Warten Sie geduldig ab, ob Ihr innerstes Leben sich beschränkt fühlt durch die Form dieses Berufes. Ich halte ihn für sehr schwer und für sehr anspruchsvoll, da er von großen Konventionen belastet ist und einer persönlichen Auffassung seiner Aufgaben fast keinen Raum läßt. Aber Ihre Einsamkeit wird Ihnen auch inmitten sehr fremder Verhältnisse Halt und Heimat sein, und aus ihr heraus werden Sie alle Ihre Wege finden. Alle meine Wünsche sind bereit, Sie zu begleiten, und mein Vertrauen ist mit Ihnen.

Ihr:

Rainer Maria Rilke

5. Name

Roma, 29ê Kanûna 1903yan

Birêzê hêja,

min nameya we ya 29ê Tebaxê li Florenzê girt û ancax niha piştî du mehan ez ji we re behsa wê dikim. Ji ber vê derengiyê li qisûra min mêze nekin, lewra ez di rêwitiyê de nikarim bi rihetî nameyan binivîsim, ji ber ku ji bo nivîsîna nameyan pêdiviya min ji alav û amûrên lazim zêdetir bi tiştên din heye: hinekî bêdengî û tenêtî û demeke rojê ya ne zêde xerîb.

Bi qasî şeş hefte berê me xwe gihand Romayê. Di demeke wiha de ku Roma hê vala, sor û piling bû û diqewirî. Vê rewşa han tevî pirsgirêkên bicîhbûnê kirin ku bêhizûriyên li devûdora me xilas nebin. Û xeribî tevî barê bêwelatbûnê bi me re bû. Xêncî vê divê meriv hesab bike ku Roma (gava meriv ew hê nasnekiribe) di rojên pêşîn de bi xemgîniya xwe mirovan difetisîne: ji ber hewaya muzeyan ya şêlû û ne zindî ku belav dibe, ji ber zêdebûna tiştên dîrokî yên hatine derxistin û bi zehmetî tên parastin (ku hinekî bi rojeva me re têkildar in ji wan), ji ber xirabûn û berevajîbûna tevahiya van tiştên bêdawî ku zana û zimannas bi mubalexe mezin dikin û rêwiyên Îtalyayê yên ji rêzê jî van kesan taqîb dikin. Ev tişt perçeyên mayî yên dewreke din in û herwiha yên jiyanekê ne, ku ne ya me ye û ne jî divê bibe ya me. Piştî hefteyên xwe parastinê meriv di dawiyê de bi xwe dihese û tevî ku serê meriv hinekî

5. Brief

Rom, am 29 Oktober 1903

Lieber und geehrter Herr,

Ihren Brief vom 29. August empfing ich in Florenz, und nun – nach zwei Monaten erst – sage ich Ihnen davon. Verzeihen Sie nur diese Säumigkeit, – aber ich schreibe unterwegs ungern Briefe, weil ich zum Briefschreiben mehr brauche als das allernötigste Gerät: etwas Stille und Einsamkeit und eine nicht allzu fremde Stunde.

In Rom trafen wir vor etwa sechs Wochen ein, zu einer Zeit, da es noch das leere, das heiße, das fieberverrufene Rom war, und dieser Umstand trug mit anderen praktischen Einrichtungsschwierigkeiten dazu bei, daß die Unruhe um uns kein Ende nehmen wollte und die Fremde mit der Last der Heimatlosigkeit auf uns lag. Dazu ist noch zu rechnen, daß Rom (wenn man es noch nicht kennt) in den ersten Tagen erdrückend traurig wirkt: durch die unlebendige und trübe Museumsstimmung, die es ausatmet, durch die Fülle seiner hervorgeholten und mühsam aufrecht erhaltenen Vergangenheiten (von denen eine kleine Gegenwart sich ernährt), durch die namenlose, von Gelehrten und Philologen unterstützte und von den gewohnheitsmäßigen Italienreisenden nachgeahmte Überschätzung aller dieser entstellten und verdorbenen Dinge, die doch im (Grunde nicht mehr sind als zufällige Reste einer anderen Zeit und eines Lebens, das nicht unseres ist und unseres nicht sein soll. Schließlich, nach Wochen täglicher Abwehr, findet man sich, obwohl noch ein wenig verwirrt, zu sich selber zurück, und man sagt sich: Nein, es ist hier nicht

tevlihev e, meriv li xwe vardiqile û ji xwe re dibêje: Na, li vir ji ciyekî din zêdetir xweşikahî tunene û tevahiya van tiştên nifşên mirovan tim bi heyranî lê mêzekirine – ku hostayan di ber destan re derbas kirine û kêmasiyên wan temam kirine – xwediyê tu qîmetekê ninin, tiştekî îfade nakin, tiştek ninin; dil û rihê wan jî tuneye. Lê li vir dîsa jî pirr xweşikahî hene, ji ber ku li her derê cîhanê pirr xweşikahî hene. Di ser cihokên kevn re avên bêsinor û jîndar diherikin nava bajarê mezin, li meydanên bajêr li ser kevirên sipî yên mermer direqisin û di hewzên fireh û mezin de belav dibin. Di rojê de dikin xuşexuş û bi şevê re ku li vir mezin, bi stêrk û bi bayeke nerm in, ev xuşexuş radibe. Û li vir baxçe, sûkên dirêj yên bi dar û derence hene. Derenceyên ji rihê Michelangelo derketine û li gorî ava ber bi jêr diherikin, hatine çêkirin û loma jî di pêlên xwe de fireh in. Û her pêperûkek ji ya din diwelide – weke pêlên avê. Bi van hîs û fikaran meriv bi ser xwe de tê, xwe ji van tiştên zehmet û zêde xilas dike, ku li wan deran diaxifin û çirro-virro dikin (û ji axaftinê çiqas hez dikin!) û meriv hêdî-hêdî wan kêmtiştan nas dike ku di xwe de ebediyetê û tenêtiyê dihewînin. Meriv dikare ji wê ebediyetê hez bike û bi bêdengî tevlî wê tenêtiyê bibe.

Ez hê li nava bajêr li Kapitolê rûdinêm; ne dûrî wê heykela herî bedew ya sîwarê hespê ku ji me re ji hunera Romayê maye – heykela Marc Aurel, lê di nava çend hefteyan de ez ê derbasî odeyeke bêdeng û ji rêzê, derbasî kameriyekê bibim ku di nava kûrahiya parkeke mezin de bi kesî ve naxwiye û ji bajêr, qerebalixî û tesadufiya wê dûr e. Di

mehr Schönheit als anderswo, und alle diese von Generationen immer weiter bewunderten Gegenstände, an denen Handlangerhände gebessert und ergänzt haben, bedeuten nichts, sind nichts und haben kein Herz und keinen Wert; – aber es ist viel Schönheit hier, weil überall viel Schönheit ist. Unendlich lebensvolle Wasser gehen über die alten Aquädukte in die große Stadt und tanzen auf den vielen Plätzen über steinernen weißen Schalen und breiten sich aus in weiten, geräumigen Becken und rauschen bei Tag und erheben ihr Rauschen zur Nacht, die hier groß und gestirnt ist und weich von Winden. Und Gärten sind hier, unvergeßliche Alleen und Treppen, Treppen, von Michel Angelo ersonnen, Treppen, die nach dem Vorbild abwärts gleitender Wasser erbaut sind, – breit im Gefäll Stufe aus Stufe gebärend wie Welle aus Welle. Durch solche Eindrücke sammelt man sich, gewinnt sich zurück aus dem anspruchsvollen Vielen, das da spricht und schwätzt (und wie gesprächig ist es!), und lernt langsam die sehr wenigen Dinge erkennen, in denen Ewiges dauert, das man lieben, und Einsames, daran man leise teilnehmen kann.

Noch wohne ich in der Stadt auf dem Kapitol, nicht weit von dem schönsten Reiterbilde, das uns aus römischer Kunst erhalten geblieben ist, – dem des Marc Aurel; aber in einigen Wochen werde ich einen stillen schlichten Raum beziehen, einen alten Altan, der ganz tief in einem großen Park verloren liegt, der Stadt, ihrem Geräusch und Zufall verborgen. Dort werde ich den ganzen Winter wohnen und mich freuen an der großen Stille, von der ich das Geschenk guter und tüchtiger Stunden erwarte ...

tevahiya zivistanê de ez ê li wir bimînim û bi bêdengiya mezin kêfxweş bibim, ku ez jê diyariya seetên xweş û tijî dipêm ...

Ji wê derê – ez li wir xwe zêdetir li malê hîs dikim – ez ê ji we re nameyeke dirêj binivîsim, ku tê de behsa nivîsa we jî were kirin. Divê ez îro (û belkî ne di rê de ye ku min berê ev tişt nekiriye) ji we re bibêjim ku ew kitêba ku hûn di nameyê de behs dikin, negihiştiye vir (ya ku tê de xebatên we hene). Gelo ji we re şûnda hatiye şandin, belkî ji Worpswede? (Lewra paketên ji derveyî welêt re li dû meriv naşînin.). Ev îhtimal ya herî baş e, ku ez dixwazim tesdîqkirina wê bibihîsim. Hêvîdar im ew wenda nebûye – di şert û mercên postexaneya Îtalyayê de mixabin ev ne tiştekî ji aqilan dûr e.

Min pirr dixwast ez vê kitêbê jî bigrim – weke her tiştê ku nîşaneke ji we ye; û şi'îrên ku di vê navberê de derketine holê jî (gava hûn wan ji min re bişînin) bixwînim û cardin bixwînim û hetanî ji min tê bi dilê xwe wan bijîm. Bi hêvî û silavan

Dostê we

Rainer Maria Rilke

Von dort aus, wo ich mehr zu Hause sein werde, schreibe ich Ihnen einen größeren Brief, darin auch noch von Ihrem Schreiben die Rede sein wird. Heute muß ich Ihnen nur sagen (und vielleicht ist es unrecht, daß ich dies nicht schon früher getan habe), daß das in Ihrem Briefe angekündigte Buch (welches Arbeiten von Ihnen enthalten sollte) nicht hier eingetroffen ist. Ist es an Sie zurückgegangen, vielleicht von Worpswede aus? (Denn: man darf Pakete ins Ausland nicht nachsenden.) Diese Möglichkeit ist die günstigste, die ich gern bestätigt wüßte. Hoffentlich handelt es sich nicht um einen Verlust, – der ja bei italienischen Postverhältnissen nicht zu den Ausnahmen gehört – leider.

Ich hätte auch dieses Buch (wie alles, was ein Zeichen von Ihnen gibt) gern empfangen; und Verse, die inzwischen entstanden sind, werde ich immer (wenn Sie mir sie anvertrauen) lesen und wieder lesen und erleben, so gut und herzlich ich kann. Mit Wünschen und Grüßen

Ihr:

Rainer Maria Rilke

6. Name

Roma, 23yê Çileya Pêşîn 1903

Birêzê hêja Kappus,

divê hûn di vê dema ku Noel nêzîk dibe û hûn di nava cejnê de tenêtiya xwe ji demên din zêdetir hîs dikin de bê silavên min nemînin. Lê gava hûn ferq dikin ku ew tenêtî mezin e, pê şa bibin, lewra (vê pirsa han ji xwe bipirsin) tenêtiya ku mezin nine ji çi re dibe? Sirf tenêtiyeke heye û ew jî mezin e û meriv nikare bi hêsanî ji bin barê wê derkeve. Çi bibêje hema herkes dixwaze bi armanca ku mîna meriv bi kesekî din re ye wan seetan bi yên vala û erzan biguhere – ew kes çiqas bêqîmet dibe bila bibe ... Lê belkî ev dem ew dem in ku tê de tenêtî mezin dibe, lewra mezinbûna wê wek mezinbûna ciwanan bi êş e û wek destpêka biharê xemgîn e. Lê divê ev tişt we ji armanca we şaş neke. Tişta ku pêdivî pê heye, ev e: Tenêtî, tenêtiya mezin ya derûnî. Meriv li hûndirê xwe mêze bike û bi seetan rastî kesî neyê – divê meriv xwe bighîne vê noqteyê. Tenêtiyeke wek ya zarokan ku gava mezin – bi tiştên mûhîm û gir dixwiyên ve girêdayî – li wan deran diçûn û dihatin, ji ber ku ew wiha meşxûl dixwiyan û meriv ji kirinên wan tu tişt fehm nedikir.

Û gava rojekê meriv pê dihese ku meşxûliyetên wan belengazî ne, pîşeyên wan monoton in û ew êdî bi jiyanê ve girêdayî ninin, çima meriv wê demê dîsa weke zarokekê ji kûrahiya tenêtiya xwe, ku bi xwe jî kar û xebat û aste-

6. Brief

Rom, am 23. Dezember 1903

Mein lieber Herr Kappus,

Sie sollen nicht ohne einen Gruß von mir sein, wenn es Weihnachten wird und wenn Sie, inmitten des Festes, Ihre Einsamkeit schwerer tragen als sonst. Aber wenn Sie dann merken, daß sie groß ist, so freuen Sie sich dessen; denn was (so fragen Sie sich) wäre eine Einsamkeit, welche nicht Größe hätte; es gibt nur *eine* Einsamkeit, und die ist groß und ist nicht leicht zu tragen, und es kommen fast allen die Stunden, da sie sie gerne vertauschen möchten gegen irgendeine noch so banale und billige Gemeinsamkeit, gegen den Schein einer geringen Übereinstimmung mit dem Nächstbesten, mit dem Unwürdigsten ... Aber vielleicht sind das gerade die Stunden, wo die Einsamkeit wächst; denn ihr Wachsen ist schmerzhaft wie das Wachsen der Knaben und traurig wie der Anfang der Frühlinge. Aber das darf Sie nicht irre machen. Was not tut, ist doch nur dieses: Einsamkeit, große innere Einsamkeit. In-sich-Gehen und stundenlang niemanden begegnen, – das muß man erreichen können. Einsam sein, wie man als Kind einsam war, als die Erwachsenen umhergingen, mit Dingen verflochten, die wichtig und groß schienen, weil die Großen so geschäftig aussahen und weil man von ihrem Tun nichts begriff.

Und wenn man eines Tages einsieht, daß ihre Beschäftigungen armselig, ihre Berufe erstarrt und mit dem Leben nicht mehr verbunden sind, warum dann nicht weiter wie ein Kind darauf hinsehen als auf ein Fremdes, aus der Tiefe der eigenen Welt heraus, aus der Weite der eigenen Einsamkeit, die selber

ke civakî ye, li vê biyanîbûnê mêze neke? Çima meriv ne fehmkirina zana ya zarokan bi parastin û heqaretê biguhere, ji ber ku ne fehm kirin tenêtî ye; parastin û heqaret jî tevlibûna wê tiştê ye ku meriv pê dixwaze xwe ji vî tiştî biqetîne.

Birêzê hêja, li wê cîhana ku hûn di hûndirê xwe de dihewînin bifikirin û hûn navekî çawa li vê fikirînê dikin, bikin: dikare bibîranîna zaroktî yan jî hesreta paşeroja we bi xwe be. Lê li hember tişta ku di dilê we de dikemile bi dîqet bin û wê di ser her tişta ku hûn li devûdorê xwe ferq dikin re, bibînin. Bûyerên di rih û dilê we de layîqî tevahiya hezkirina we ne, divê bi awayekî hûn li ser wan bixebitin. Û ji bo têkiliya xwe ya bi mirovan re zelal bikin, zêde wext û wêrekiya xwe xerc nekin. Kî dikare ji we re bibêje ku têkiliyeke wiha heye yan na? Ez dizanim, karê we zehmet e û temamen ziddî we ye. Û min gazinên we didîtin û dizanîbû ku ew ê werin. Bi hatina wan, ez nikarim we aş bikim. Ez tenê dikarim ji we re bibêjim ku hûn li ser wê bifikirin ka hemû pîşe bi vî awayî ne yan na. Ew ji meriv gelek tiştan dipên, dujminê kesayetiyê ne, bi nefreta wan mirovan tijî ye, ku bi bêdengî û çavsorî mecbûriyetên van kar û şuxulan qebûl kirine. Pêşhukim, mecburiyet û şaşiyên karê ku divê hûn niha bikin, ji ya yên din ne kêmtir in. Û hin kar hebin ku azadiyeke zêde nîşan bidin jî, dîsa yeke wiha tuneye ku di xwe de fireh û mezin e û bi tiştên ku jiyan ji wan pêk tê ve di têkiliyê de ye. Tenê kesê bi tenê ye weke tiştekî ye ku di binê qanûnên kûr de ye. Û gava kesek bi şefeqa sibehê re radibe yan jî tevlî êvarê dibe, ku

Arbeit ist und Rang und Beruf? Warum eines Kindes weises Nicht-Verstehen vertauschen wollen gegen Abwehr und Ver-Achtung, da doch Nicht-Verstehen Alleinsein ist, Abwehr und Verachtung aber Teilnahme an dem, wovon man sich mit diesen Mitteln scheiden will.

Denken Sie, lieber Herr an die Welt, die Sie in sich tragen, und nennen Sie dieses Denken, wie Sie wollen; mag es Erinnerung an die eigene Kindheit sein oder Sehnsucht zur eigenen Zukunft hin, – nur seien Sie aufmerksam gegen das, was in ihnen aufsteht, und stellen Sie es über alles, was Sie um sich bemerken. Ihr Innerstes Geschehen ist Ihrer ganzen Liehe wert, an ihm müssen Sie irgendwie arbeiten und nicht zu viel Zeit und zu viel Mut damit verlieren, Ihre Stellung zu den Menschen aufzuklären. Wer sagt Ihnen denn, daß Sie überhaupt eine haben? – Ich weiß, Ihr Beruf ist hart und voll Widerspruch gegen Sie, und ich sah Ihre Klage voraus und wußte, daß sie kommen würde. Nun sie gekommen ist, kann ich Sie nicht beruhigen, ich kann Ihnen nur raten, zu überlegen, ob nicht alle Berufe so sind, voll von Ansprüchen, voll Feindschaft gegen den einzelnen, vollgesogen gleichsam mit dem Haß derer, die sich stumm und mürrisch in die nüchterne Pflicht gefunden haben. Der Stand, in dem Sie jetzt leben müssen, ist nicht schwerer mit Konventionen, Vorurteilen und Irrtümern belastet als alle die anderen Stände, und wenn es welche gibt, die eine größere Freiheit zur Schau tragen, so gibt es doch keinen, der in sich weit und geräumig und mit den großen Dingen, aus denen das wirkliche Leben besteht, in Beziehung ist. Nur der einzelne, der einsam ist, ist wie ein Ding unter die tiefen Gesetze gestellt, und wenn einer hinausgeht in den Morgen, der anhebt, oder

tije ye bi rûdanan, û tiştên diqewimin hîs dike, wê demê tevahiya xisletên kar û îşan ji ser wî de dişiqitin – weke ji ser miriyekî digel ku ew di nava jiyanê de ye. Birêz Kappus, hûn wek serleşkerekî kîjan tecrubeyî dikin-bikin, we yê di her karî de eynî tecrube bikira. Hetta bêyî statuyekê hûn bi civatê re li têkiliyeke sivik û serbixwe bigeriyabana jî, hûn ji vê hîssa we teng dike, bêpar nemana. – Ev tişt li her derê wiha ye; lê ev ji tirs û xemgîniyê re ne sebebek e. Gava di navbera we û mirovan de şirîkatiyek tunebe, wê demê biceribînin ku hûn nêzîkî tiştên we li ortê nahêle, bibin. Hê şev û bayên di ser gelek welatan di nav daran re derbas dibin, hene. Di nav tiştan de û li ba heywanan hê her tişt bi rêk û pêk e, ku hûn dikarin tevlî wan bibin. Û zaroktî weke zaroktiya dema we ne; wiha xemgîn û bextewar! Û gava hûn li ser zaroktiya xwe difikirin, wê demê hûn dîsa bi wan re dijîn, bi zarokên tenê re. Mezin tiştek ninin û rûmeta wan bê qedr û qîmet e.

Û gava fikirîna li zaroktiya we û li sûkunet û hêsanîbûnê, ku pê re eleqeder e, ji we re zor û zehmet û bi êş e, ji ber ku hûn êdî nikarin bi Xwedayê – ku di temamiya wan de cî girtiye – bawer bikin, wê demê ji xwe bipirsin, ka we bi rastî jî Xwedê wenda kiriye yan na, birêz Kappus. Gelo wiha nine ku hûn qet bi tu carî nebûne xwediyê wî? Ma gelo ew çi wextê wiha bûya? Hûn bawer dikin ku zarokek dikare wî biparêze, ew ê ku zilam ancax bi zor û zehmetî diparêzin û giraniya wî rûspiyan dipelçiqîne? Hûn bawer dikin ku kesê ku carê ew peyda kiribe, wî weke kevirekî piçûk wenda bike yan hûn jî wiha nafikirin ku kesê ew

hinaus in den Abend schaut, der voll Ereignis ist, und wenn er fühlt, was da geschieht, so fällt aller Stand von ihm ab, wie von einem Toten, obwohl er mitten in lauter Leben steht. Was Sie, lieber Herr Kappus, jetzt als Offizier erfahren müssen, Sie hatten es ähnlich in jedem der bestehenden Berufe gefühlt, ja sogar wenn Sie, außerhalb jeder Stellung, mit der Gesellschaft allein leichte und selbständige Berührung gesucht hätten, würde Ihnen dieses beengende Gefühl nicht erspart geblieben sein. – Es ist überall so; aber das ist kein Grund zu Angst oder Traurigkeit; wenn keine Gemeinsamkeit zwischen den Menschen ist und Ihnen, versuchen Sie es, den Dingen nahe zu sein, die Sie nicht verlassen werden; noch sind die Nächte da und die Winde, die durch die Bäume gehen und über viele Länder; noch ist unter den Dingen und bei den Tieren alles voll Geschehen, daran Sie teilnehmen dürfen; und die Kinder sind noch so, wie Sie gewesen sind als Kind, so traurig und glücklich, – und wenn Sie an Ihre Kindheit denken, dann leben Sie wieder unter ihnen, unter den einsamen Kindern, und die Erwachsenen sind nichts, und ihre Würde hat keinen Wert.

Und wenn es Ihnen bang und quälend ist, an die Kindheit zu denken und an das Einfache und Stille, das mit ihr zusammenhängt, weil Sie an Gott nicht mehr glauben können, der überall darin vorkommt, dann fragen Sie sich, lieber Herr Kappus, ob Sie Gott denn wirklich verloren haben. Ist es nicht vielmehr so, daß Sie ihn noch nie besessen haben? Denn wann sollte das gewesen sein? Glauben Sie, ein Kind kann ihn halten, ihn, den Männer nur mit Mühe tragen und dessen Gewicht Greise zusammendrückt? Glauben Sie, es könnte, wer ihn wirklich hat, ihn verlieren wie einen kleinen Stein, oder meinen Sie nicht

dîtibe ancax ji aliyê wî ve dikare wenda bibe? Gava hûn ferq dikin ku ew di zaroktiya we de û berê wê jî tunebû, gava hûn texmîn dikin ku Îsa Mesîh ji aliyê hêviyên xwe ve û Muhemmed jî ji aliyê metaneta xwe ve hatiye xapandin – û gava hûn niha, di vê seeta ku em behsê dikin de bi xof hîs dikin ku ew tuneye – çi vî mafî dide we ku hûn weke ew hebûye biriya wî bikin; weke ew wenda bûye lêbigerin?

Hûn çima nafikirin ku ew ê ku tê, ew e – yê ku ji ebediyetê vir ve li pêşiya me ye –; yê îstiqbal e ku fêkiyên darekê yên mehdûn in, ku pelên wê em in? Çi ji we re dibe asteng ku hûn bûyîna wî biavêjin demên pêşiyê û jiyana xwe weke rojeke xweş û bi êş ya di dîroka hemilbûneke mezin de bijîn? Ma hûn nabînin ku her tişta diqewime tim destpêk e û nabe ku ev destpêka Wî be, ji ber ku her destpêk bi xwe wiha xweş e? Gava ew yê mukemmel be, ma wê demê şert nine ku kêmasî beriya wî be, da ku ew xwe ji zêdehî û dewlemdiyê hilbijêre? – Divê ew ne yê dawiyê be, da ku her tiştî dorpêç bike û me'neya me dibû çi, gava ew ê ku em xwe dispêrinê, derbas bûbe?

Çawa ku moz hingiv tovî serhev dike, em jî wiha ji her tiştî ya herî şîrîn digrin û Wî çêdikin. Hetta ji ya bêqîmet, ji ya ji çavan dûr (gava tenê ji ber evînê diqewime) em destpê dikin, ji kar û re'etbûna piştî wê, ji bêdengbûnê yan jî ji şabûneke tenha û piçûk, ji tevahiya tiştên em bi tenê – bêyî peyrew û beşdarvan – dikin, em bi Wî destpê dikin, ku em xwe nagihînê. Çawa ku pêşiyên me xwe negihan-

auch, wer ihn hätte, könnte nur noch von ihm verloren werden? – Wenn Sie aber erkennen, daß er in Ihrer Kindheit nicht war, und nicht vorher, wenn Sie ahnen, daß Christus getäuscht worden ist von seiner Sehnsucht und Muhammed betrogen von seinem Stolze, – und wenn Sie mit Schrecken fühlen, daß er auch jetzt nicht ist, in dieser Stunde, da wir von ihm reden, – was berechtigt Sie dann, ihn, welcher niemals war, wie einen Vergangenen zu vermissen und zu suchen, als ob er verloren wäre?

Warum denken Sie nicht, daß er der Kommende ist, der von Ewigkeit her bevorsteht, der Zukünftige, die endliche Frucht eines Baumes, dessen Blätter wir sind? Was hält Sie ab, seine Geburt hinauszuwerfen in die werdenden Zeiten und Ihr Leben zu leben wie einen schmerzhaften und schönen Tag in der Geschichte einer großen Schwangerschaft? Sehen Sie denn nicht, wie alles, was geschieht, immer wieder Anfang ist, und könnte es nicht *Sein* Anfang sein, da doch Beginn an sich immer so schön ist? Wenn er der Vollkommenste ist, muß nicht Geringeres *vor* ihm sein, damit er sich auswählen kann aus Fülle und Überfluß? Muß *er* nicht der Letzte sein, um alles in sich zu umfassen, und welchen Sinn hätten wir, wenn der, nach dem wir verlangen, schon gewesen wäre?

Wie die Bienen den Honig zusammentragen, so holen wir das Süßeste aus allem und bauen Ihn. Mit dem Geringen sogar, mit dem Unscheinbaren (wenn es nur aus Liebe geschieht) fangen wir an, mit der Arbeit und mit dem Ruhen hernach, mit einem Schweigen oder mit einer kleinen einsamen Freude, mit allem, was wir allein, ohne Teilnehmer und Anhänger tun, beginnen wir Ihn, den wir nicht erleben werden, so wenig unsere Vorfahren uns erleben konnten. Und doch sind sie, diese

dine me. Lê dîsa jî ewên ku ji zû de ji nav me koçkirine di me de ne – bi qabiliyetekê, bi barekî li ser qedera me, bi xwîna ku dixûşîne û bi hal û hereketekê, ku ji kûrahiya demê hildikişe.

Çi wê hêviya we ku hûn di Wî de, di yê herî dûr û der de ne, ji we distîne?

Birêz Kappus, cejna Noelê bi van hîssên teqwa pîroz bikin, ji ber ku belkî ev tirsa jiyanê ya we dike ku Ew destpê bike; ev rojên han dibin wesîle ku hûn di dilê xwe de li ser Wî bixebitin – weke hûn di zaroktiya xwe de carekê bê rawestan li ser xebitîbûn. Bi sebir û metanet bin. Û bifikirin ku tişta herî kêm ya em dikarin bikin ew e ku em bûyîna Wî zehmet nekin mîna ku dunya çawa ji biharê re nabe asteng, gava ew bixwaze werê.

Her dilşad û bextewar bin

Dostê we

Rainer Maria Rilke

lange Vergangenen, in uns, als Anlage, als Last auf unserem Schicksal, als Blut, das rauscht, und als Gebärde, die aufsteigt aus den Tiefen der Zeit.

Gibt es etwas, was Ihnen die Hoffnung nehmen kann, so einstens in Ihm, in dem Fernsten, Äußersten zu sein?

Feiern Sie, lieber Herr Kappus, Weihnachten in diesem frommen Gefühl, daß Er vielleicht gerade diese Lebensangst von Ihnen braucht, um zu beginnen; gerade diese Tage Ihres Überganges sind vielleicht die Zeit, da alles in Ihnen an Ihm arbeitet, wie Sie schon einmal, als Kind, atemlos an Ihm gearbeitet haben. Seien Sie geduldig und ohne Unwillen und denken Sie, daß das wenigste, was wir tun können, ist, Ihm das Werden nicht schwerer zu machen, als die Erde es dem Frühling macht, wenn er kommen will.

Und seien Sie froh und getrost.

Ihr:

Rainer Maria Rilke

7. Name

Roma, 14ê Gulana 1904an

Birêzê hêja Kappus,

di ser nameya we ya dawîn re gelek wext derbas bû. Ji kerema xwe li qisûra min mêze nekin; pêşîn kar nehişt ez cewabekê bidim, dû re jî bêhizûrî û nexweşiyê. Min dixwast ez di rojên xweş û sakîn de li we vegerim. Vayê niha ez xwe baştir hîs dikim (destpêka biharê bi guherînên xwe yên hişk û ji nişka ve dijwar dihat hîs kirin) û derfetê dibînim ku silavekê bidim we, birêz Kappus, û bi qasî zanîna xwe li ser hin xalên nameya we bisekinim (ku ez vê ji dil û can dikim).

Hûn dibînin: Min soneya[1] we bi destê xwe nivîsiye, ji ber ku ev şiîr bi min xweş û hêsan xuya kir û bi awayekî wiha hatiye dunyayê ku zerîf û nazenîn e. Ji misrayên we yên min dikarîbû bixwenda, ev yên herî baş in. Û vayê ez destnivîsa xwe didim we, ji ber ku ez dizanim ku tecrûbeyeke nû û mûhîm e, meriv xebata xwe ji destnivîsa xerîbekî bibîne. Van misrayan mîna ku ew yên xerîban bin, bixwînin û hûn ê di kûrahiya dilê xwe de gelek baş hîs bikin ku ew yên we ne. –

1 **Sone** (Sonett): Cûreyeke şiîra Ewrûpî ye. Formên wê yên cihê-cihê hene. Form û taybetiya wê ya herî ber bi çav ev e: Ji çar qit'ayan pêk tê. Herdûyên pêşîn ji çar misrayan, yên dawîn ji sê misrayan pêk tên. Di navbera qit'ayên çar – û sêmisreyî de aheng, ritim û naverok ji hev cihê ne.

7. Brief

Rom, am 14. Mai 1904

Mein lieber Herr Kappus,

es ist viel Zeit hingegangen, seit ich Ihren letzten Brief empfangen habe. Tragen Sie mir das nicht nach; erst war es Arbeit, dann Störung und endlich Kränklichkeit, was mich immer wieder von dieser Antwort abhielt, die (so wollte ich es) aus ruhigen und guten Tagen zu Ihnen kommen sollte. Nun fühle ich mich wieder etwas wohler (der Frühlingsanfang mit seinen bösen, launischen Übergangen war auch hier arg zu fühlen) und komme dazu, Sie, lieber Herr Kappus, zu grüßen und Ihnen (was ich so herzlich gerne tue) das und jenes auf Ihren Brief zu sagen, so gut ich es weiß.

Sie sehen: ich habe Ihr Sonett abgeschrieben, weil ich fand, daß es schön und einfach ist und in der Form geboren, in der es mit so stillem Anstand geht. Es sind die besten von den Versen, die ich von Ihnen lesen durfte. Und nun gebe ich Ihnen jene Abschrift, weil ich weiß, daß es wichtig und voll neuer Erfahrung ist, eine eigene Arbeit in fremder Niederschrift wiederzufinden. Lesen Sie die Verse, als ob es fremde wären, und Sie werden im Innersten fühlen, wie sehr es die Ihrigen sind. –

Ji bo min kêfxweşiyek bû, ku ez vê soneyê û nameya we gelek caran bixwînim. Ji bo herduyan jî ez ji we re spas dikim.

Û bira bi saya wê daxwaza dilê we ku hêvî dike derkeve, hûn dev ji tenêtiya xwe bernedin. Ji xwe ev daxwaza han – gava hûn wê wek amûrekê, bi sebir û bi hesab, bikar bînin – ew ê alî we bike ku tenêtiya we li hêleke fireh mezin bibe. Mirovan (bi alîkariya orf û adetan) her tişt li gorî prensîba hêsaniyê yanê li gorî aliyê hêsantirîn yê hêsaniyê çareser kirine; lê eşkere ye ku divê em xwe li tiştên zehmet bigrin; hemû hebûnên zindî xwe lê digrin, tevahiya sirûştê li gorî vê mezin û hêşîn dibe. Û li hember hemû astengiyan diceribîne ku xwe li gorî xwe biparêze, serbixwe ji çavkaniya xwe derkeve. Em kêm dizanin, lê ev tişt qet'î ye ku divê em xwe li zehmetiyan bigrin. Baş e ku meriv tenê bimîne, lewra tenêtî zehmet e; zehmetî bi serê xwe sebebek e ku meriv xwe lê bigre.

Hezkirin jî baş e, lewra evîn zehmet e. Hezkirina însanekî ji yekî din: Belkî barê herî giran û zehmet ev e, yê ku dane me, yê herî dijwar; ev îmtihan û ezmûna dawîn e. Evîn xebat e, ku temamiya xebatên din ji bo wê tenê amadekariyek in. Loma mirovên ciwan – ku di her tiştî de di destpêkê de ne – ji heqê hezkirinê dernayên: Divê ew wê bielimin. Bi tevahiya hebûna xwe, bi tevahiya hêza xwe, ku li devûdorê dilê wan yê bi tenê û keder kom bûye, divê ew hîn bibin ku hez bikin. Pêvajoya hînbûnê pêvajoyeke dirêj e û di nav xwe de jî sînorkiriye; çerçeveya wê mehdûd e. Û

Es war eine Freude für mich, dieses Sonett und Ihren Brief oft zu lesen, ich danke Ihnen für beides.

Und Sie dürfen sich nicht beirren lassen in Ihrer Einsamkeit, dadurch, daß etwas in Ihnen ist, das sich herauswünscht aus ihr. Gerade dieser Wunsch wird ihnen, wenn Sie ihn ruhig und überlegen und wie ein Werkzeug gebrauchen, Ihre Einsamkeit ausbreiten helfen über weites Land. Die Leute haben (mit Hilfe von Konventionen) alles nach dem Leichten hin gelöst und nach des Leichten leichtester Seite; es ist aber klar, daß wir uns an das Schwere halten müssen; alles Lebendige hält sich daran, alles in der Natur wächst und wehrt sich nach seiner Art und ist ein Eigenes aus sich heraus, versucht es um jeden Preis zu sein und gegen allen Widerstand. Wir wissen wenig, aber daß wir uns zu Schwerem halten müssen, ist eine Sicherheit, die uns nicht verlassen wird; es ist gut, einsam zu sein, denn Einsamkeit ist schwer; daß etwas schwer ist, muß uns ein Grund mehr sein, es zu tun.

Auch zu lieben ist gut: denn Liebe ist schwer. Liebhaben von Mensch zu Mensch: das ist vielleicht das Schwerste, was uns aufgegeben ist, das Äußerste, die letzte Probe und Prüfung, die Arbeit, für die alle andere Arbeit nur Vorbereitung ist. Darum *können* junge Menschen, die Anfänger in allem sind, die Liebe noch nicht: sie müssen sie lernen. Mit dem ganzen Wesen, mit allen Kräften, versammelt um ihr einsames, banges, aufwärts schlagendes Herz müssen sie lieben lernen. Lernzeit aber ist immer eine lange, abgeschlossene Zeit, und so ist Lieben für lange hinaus und weit ins Leben hinein –: Einsamkeit, gesteigertes und vertieftes Alleinsein für den, der liebt. Lieben ist zunächst nichts, was aufgehen,

hînbûna evînê jî wiha dirêj dom dike û hetanî emrê dirêj dikudîne: Tenêtî, tenêmayîneke kûr û firêh e ji bo wî kesê ku hez dike. Evîn di serî de nayê wê me'neyê ku meriv di yekî din de bihele, xwe bidiyê û bi kesekî din re bibe yek (ma me'neya yekbûneke ne zelal, ne tam û ne sazkirî çi ye?). Evîn fersendeke bala ye ji bo kesekî ku bikemile, di dilê xwe de bibe tiştekî, bibe cîhanek – ji bo xatirê kesekî din bibe cîhanek. Evîn daxwazeke mezin û ne mutewazî ye ku kesekî ji nav yên din hildibijêre û dibe cîyekî din. Tenê di vê me'neyê de wek xebata li ser xwe mirovên ciwan dikarin hezkirina ku meriv dide wan, bikar bînin («bi şev û biroj dengê dilê xwe guhdarî kirin û çakûç lêxistin»). Wendabûna di kesekî din de û xwebexşkirina ji bo kesekî din û hemû awayên şirîkatiyê/wekheviyê ji bo wan baş nine (divê ew hê pirr-pirr tima(qesîs) bin û kom bikin), ev kirin yên herî dawiyê ne ku meriv xwe dighînê; belkî jî emrê mirov têr nake ku wan bi dest bixe.

Lê tam di vir de mirovên ciwan hertim û bi xisarî şaşitiyê dikin: ew (ji xwe di hebûna wan de sebir tuneye) xwe davêjîn pêsîra hev, gava evîn bi ser wan de tê; hema virde – wêde bela dibin – mîna temamiya tevliheviya xwe, kaosa xwe, diltengiya xwe ...: Îcar dû re çi diqewime? Ma jiyan çi bike jî vê qerebalixiya perçeyên belavbûyî, ku wan navê şirîkatiyê lê kirine û ji dil dixwazin wê wek bextewariya xwe, paşeroja xwe nîşan bidin? Herkesek xwe ji bo xatirê yê din wenda dike û pê re jî yê din wenda dike û gelek kesên din jî, ku hê dixwastin werin. Û îmkan û kûrahiyan wenda dike, nêzîkbûn û firrdana tiştên qet'î bi

hingeben und sich mit einem Zweiten vereinen heißt (denn was wäre eine Vereinigung von Ungeklärtem und Unfertigem, noch Ungeordnetem –?), es ist ein erhabener Anlaß für den einzelnen, zu reifen, in sich etwas zu werden, Welt zu werden, Welt zu werden für sich um eines anderen willen, es ist ein großer, unbescheidener Anspruch an ihn, etwas, was ihn auserwählt und zu Weitem beruft. Nur in diesem Sinne, als Aufgabe, an sich zu arbeiten («zu horchen und zu hämmern Tag und Nacht») dürften junge Menschen die Liebe, die ihnen gegeben wird, gebrauchen. Das Aufgehen und das Hingeben und alle Art der Gemeinsamkeit ist nicht für sie (die noch lange, lange sparen und sammeln müssen), ist das Endliche, ist vielleicht das, wofür Menschenleben jetzt noch kaum ausreichen.

Darin aber irren die jungen Menschen so oft und so schwer: daß sie (in deren Wesen es liegt, keine Geduld zu haben) sich einander hinwerfen, wenn die Liebe über sie kommt, sich aus streuen, so wie sie sind in all ihrer Unaufgeräumtheit, Unordnung, Wirrnis ...: Was aber soll dann sein? Was soll das Leben an diesem Haufen von Halbzerschlagenem tun, den sie ihre Gemeinsamkeit heißen und den sie gerne ihr Glück nennen möchten, ginge es an, und Ihre Zukunft? Da verliert jeder sich um des anderen willen und verliert den anderen und viele andere, die noch kommen wollten. Und verliert die Weiten und Möglichkeiten, tauscht das Nahen und Fliehen leiser, ahnungsvoller Dinge gegen eine unfruchtbare Ratlosigkeit, aus der nichts mehr kommen kann; nichts als ein wenig Ekel, Enttäuschung und Armut und die Rettung in eine der vielen Konventionen, die wie allgemeine

bêçaretiyeke exte diguhere – ku tiştekî jê nikare derkeve, tiştekî ku ji qirêjiyeke piçûk, şkestina xeyalekê û xizaniyê û ji xwe veşartina di bin siya orf û adetan, ku me di van rêyên han de bi hejmareke mezin belav kirine, mezintir be –. Tu hêleke din ya tecrûbeyên mirov bi qasî vê hêlê bi orf û adetan ve nehatiye dorpêç kirin: qayix, kelek û bendên xelasbûnê yên cihê-cihê li vir in. Civatê zanîbûye rêyên revê yên cihê-cihê çêbike, ji ber ku meyla wê li ser wê bûye ku jiyana evînê wek zewqekê qebûl bike û loma jî wê ev jiyana han guhertiye, erzan kiriye û wek zewqên gelemperî bê talûke û ewle kiriye.

Herçiqas gelek mirovên ciwan – yên ku şaş, yanê fedaiyane û ne di tenêtiyê de hez dikin (ew ê mirovên ji rêzê tim wiha bimînin) – zehmetiya qerareke şaş hîs dikin û dixwazin rewşa ku ew ketinê bi awayê xwe, li gorî kesayetiya xwe, dewlemend û zindî bikin jî; lê ji ber ku di nava wan de sinorek nemaye û ew ketine nava hev û loma jî xwediyê xisleteke serbixwe ninin, ew ê çawa bikaribin ji xwe re rêyekê bibînin, ji kûrahiya tenêtiya ku hatiye gorr kirin, derkevin? Lewra tebi'eta wan ji wan re dibêje ku pirsên evînê – bereksî tiştên mûhîm yên din – li gorî filan û bêvan orf û adetî û prensîba gelemperî dikarin bên çareser kirin; ev pirs ew pirs in ku di nava du mirovan de dikarin bên çareser kirin û ji wan re tenê bersiveke şexsî lazim e. Lê ew ê çawa bikaribin ji kûrahiya tenêtiya ku veşartine –ji ber ku wan her tişt tevlihev kiriye û sinorek ji xwe re nehiştine; yanê êdî xwediyê taybetmendiyekê ninin, bi hêza xwe ji xwe re rêyekê bibînin?

Schutzhütten an diesem gefährlichsten Wege in großer Zahl angebracht sind. Kein Gebiet menschlichen Erlebens ist so mit Konventionen versehen wie dieses: Rettungsgürtel der verschiedensten Erfindung, Boote und Schwimmblasen sind da; Zuflüchte in jeder Art hat die gesellschaftliche Auffassung zu schaffen gewußt, denn da sie geneigt war, das Liebesleben als ein Vergnügen zu nehmen, mußte sie es auch leicht ausgestalten, billig, gefahrlos und sicher, wie öffentliche Vergnügungen sind.

Zwar fühlen viele junge Menschen, die falsch, d. h. einfach hingebend und uneinsam lieben (der Durchschnitt wird ja immer dabei bleiben –), das Drückende einer Verfehlung und wollen auch den Zustand, in den sie geraten sind, auf ihre eigene, persönliche Art lebensfähig und fruchtbar machen –; denn ihre Natur sagt ihnen, daß die Fragen der Liebe, weniger noch als alles, was sonst wichtig ist, öffentlich und nach dem und jenem Übereinkommen gelöst werden können; daß es Fragen sind, nahe Fragen von Mensch zu Mensch, die einer in jedem Fall neuen, besonderen, *nur* persönlichen Antwort bedürfen –: aber wie sollten sie, die sich schon zusammengeworfen haben und sich nicht mehr abgrenzen und unterscheiden, die also nichts Eigenes mehr besitzen, einen Ausweg aus sich selbst heraus, aus der Tiefe der schon verschütteten Einsamkeit finden können?

Sie handeln aus gemeinsamer Hilflosigkeit, und sie geraten, wenn sie dann, besten Willens, die Konvention, die ihnen auffällt (etwa die Ehe), vermeiden wollen, in die Fangarme einer weniger lauten, aber ebenso tödlichen konventionellen Lösung; denn da ist dann alles, weithin um sie – Konvention;

Ew li gorî bêçaretiyeke mûşterek tevdigerin û dikevin – gava dixwazin ji orf û adetekê birevin (mîna zewacê)– hemêza çareseriyeke din ku ji ya pêşiyê sakîntir e, lê li gorî orf û adetan e û merivan dikuje; lewra çiqas li devûdorê xwe mêze dikin, bira bikin, li her derî orf û adet hene. Li her ciyê ku berê bihevrebûneke ne şefaf hebûye, (her) tevgera ku ji wir derketiye orf û adet e. Kevneşopiya her têkiliyê heye; ev têkilî çiqas ji rêzê dûr dibe bila, bibe (yanê di me'neya li dijî exlaq/etîk). Erê, hetta ji hev cihêbûn jî gaveke kevnare ye, qerareke tesadufî ya bê hêz û bê fêkî ye û ji têkiliyeke şexsî dûr e.

Kî bi ciddiyet lê mêze bike, ew ê bibîne ku, weke ji mirinê re, ku giran e, herwiha ji bo evîna giran jî hê ne zelalkirinek, ne çareseriyek, ne rêyek û ne jî îşaretek hatiye dîtin. Û ji ber ku em van herdu mesuliyetan, yên ku em sergirtî bi xwe re diparêzin û bêyî ku ser wan vebikin, didin nifşên li pey xwe, rê û rêbazên muşterek nayên dîtin. Lê gava em wek kesayetî, wek şexs destpê bikin jiyanê bijîn, dê ev tiştên mezin yên nêzîkî me, rastî me werin. Xebata li ser evînê ji me kemilîbûneke mezin dipê; bi qasî ku heyatî ye, mezin e û em di vir de wek mirovên destpêkê ne, di asta wan de ne. Lê gava em sebir bikin û vê evînê ji bo xwe wek bar û pêvajoya hînbûnê qebûl bikin, – ji dêvla ku xwe di nav lîstika bê qedr û qîmet de wenda bikin, ku mirov xwe di paş siya wan de li hember ciddiyeta hebûna xwe, xwe vedişêrin – wê demê belkî nifşên li pey me pêşveçûneke piçûk û hêsaniyekê hîs bikin. Ev bi xwe tiştekî mezin e.

da, wo aus einer früh zusammengeflossenen, trüben Gemeinsamkeit gehandelt wird, ist *jede* Handlung konventionell: jedes Verhältnis, zu dem solche Verwirrung führt, hat seine Konvention, mag es auch noch so ungebräuchlich (d. h. im gewöhnlichen Sinn unmoralisch) sein; ja, sogar Trennung wäre da ein konventioneller Schritt, ein unpersönlicher Zufallsentschluß ohne Kraft und ohne Frucht.

Wer ernst hinsieht, findet, daß, wie für den Tod der schwer ist, auch für die schwere Liebe noch keine Aufklärung, keine Lösung, weder Wink noch Weg erkannt worden ist; und es wird für diese beiden Aufgaben, die wir verhüllt tragen und weitergeben, ohne sie aufzutun, keine gemeinsame, in Vereinbarung beruhende Regel sich erforschen lassen. Aber in demselben Maße, in dem wir beginnen, als einzelne das Leben zu versuchen, werden diese großen Dinge uns, den einzelnen, in größerer Nähe begegnen. Die Ansprüche, welche die schwere Arbeit der Liebe an unsere Entwicklung stellt, sind überlebensgroß, und wir sind ihnen, als Anfänger, nicht gewachsen. Wenn wir aber doch aushalten und diese Liebe auf uns nehmen als Last und Lehrzeit, statt uns zu verlieren an all das leichte und leichtsinnige Spiel, hinter dem die Menschen sich vor dem ernstesten Ernst ihres Daseins verborgen haben, – so wird ein kleiner Fortschritt und eine Erleichterung denen, die lange nach uns kommen, vielleicht fühlbar sein; das wäre viel.

Wir kommen ja doch eben erst dazu, das Verhältnis eines einzelnen Menschen zu einem zweiten einzelnen vorurteilslos und sachlich zu betrachten, und unsere Versuche, solche Beziehung zu leben, haben kein Vorbild vor sich. Und doch

Ancax niha em tên ser têkiliya kesekî bi yekî din re û dixwazin bêalî û bêyî pêşhukmekî li ser bisekinin. Û ceribandinên me ji bo jiyîna têkiliyeke ewha bê mîsal û mînak in. Lê dîsa jî bi guherîna demê re hin tişt hene ku alîkariya nezanîna me ya destpêkê dikin.

Keç û jin, ew ê, di pêşdeçûna xwe ya nû û serbixwe de, tenê ji bo dewreke kurt xwe li qencî, neqencî û pîşeyê mêran bigrin. Piştî teredduta dewrên wiha yên fetretê ew ê derkeve holê ku jin tenê ji bo ku hebûna xwe ji bin tesîra xirab ya cinsiyeta din paqij bikin, wiha ji halekî ketine ê din. Jinên, ku jiyanê di wan de bi sebir, bawerî û ji nişka ve ji xwe re ciyekî vekiribe û tê de be, divê di eslê xwe de bûbin mirovên kemilîtir. Ew ji mêrê sivik, yê ku di bin barê giran yê qaşilê jiyanê de nikare fêkiyan bide, mirovtir e. Ew mêr, ku ji ber qûrrebûn û eceleyê qîmeta tişta divê jê hez bike, nizane. Ev mirovbûna jinê ya bi heqaret û êşê hatiye hevîr kirin – gava wê xwe ji nava orf û adetên tenê li ser mêbûnê avabûne xilas kir –, ew ê xwe nîşan bide û zilamên îro hatina wê nabînin, ew ê şaş û matmayî bimînin. Rojekê (ji xwe niha li hin welatên Bakûr îşaretên vê yên baş hene), rojekê keçeke hebe û jineke, ku navê wê êdî ne tenê tê me'neya tezata mêrtiyê; ew ê serbixwe be. Tiştekî – ku divê meriv li vir li sinor û sifetan nefikire –, tenê li jiyan û hebûnê bifikire –: însanê mê.

Ev pêşdeçûn ew ê jiyana evînê, ku niha bi şaşitiyan tijî ye (li dijî xwestina mêrên êdî di şûna xwe de mane), biguhere; ji kokê biguhere. Ew ê wê wiha biguhere, ku ew ê bibe

ist in dem Wandel der Zeit schon manches, das unserer zaghaften Anfängerschaft helfen will.

Das Mädchen und die Frau, in ihrer neuen, eigenen Entfaltung, werden nur vorübergehend Nachahmer männlicher Unart und Art und Wiederholer männlicher Berufe sein. Nach der Unsicherheit solcher Übergänge wird sich zeigen, daß die Frauen durch die Fülle und den Wechsel jener (oft lächerlichen) Verkleidungen nur gegangen sind, um ihr eigenstes Wesen von den entstellenden Einflüssen des anderen Geschlechts reinigen. Die Frauen, in denen unmittelbarer, fruchtbarer und vertrauensvoller das Leben verweilt und wohnt, müssen ja im Grunde reifere Menschen geworden sein, menschlichere Menschen als der leichte, durch die Schwere keiner leiblichen Frucht unter die Oberfläche des Lebens herabgezogene Mann, der, dünkelhaft und hastig, unterschätzt, was er zu lieben meint. Dieses in Schmerzen und Erniedrigungen ausgetragene Menschentum der Frau wird dann, wenn sie die Konventionen der Nur-Weiblichkeit in den Verwandlungen ihres äußeren Standes abgestreift haben wird, zutage treten, und die Männer, die es heute noch nicht kommen fühlen, werden davon überrascht und geschlagen werden. Eines Tages (wofür jetzt, zumal in den nordischen Ländern, schon zuverlässige Zeichen sprechen und leuchten), eines Tages wird das Mädchen da sein und die Frau, deren Name nicht mehr nur einen Gegensatz zum Männlichen bedeuten wird, sondern etwas für sich, etwas, wobei man keine Ergänzung und Grenze denkt, nur an Leben und Dasein –: der weibliche Mensch.

Dieser Fortschritt wird das Liebe-Erleben, das jetzt voll Irrung ist (sehr gegen den Willen der überholten Männer zunächst),

têkiliyeke di navbera du mirovan de; ne yeke di nava mêr û jinê de. Û ev evîna însanîtir (ew yeke sakîn û bidîqet e, ku gava meriv nêzîkî yan jî dûrî hev dibe dîsa jî baş û zelal e) ew ê bişibihe evînekê, ku me bi zor û zehmetî amade kiriye; yeke ku tê de tenêtî hevdu diparêzin, sinor û silav dikin.

Û ev jî di ser de: Bawer nekin, ku ew evîna mezin, ya ku di salên xortiyê de li we hatibû bar kirin, wenda bûye. Ma hûn dikarin bibêjin, ku wê demê daxwazên mezin û baş di dilê we de nekemilîne û armancên ku hûn îro jî li goreyî dijîn, çênebûne? Ez bawer im, ew evîn ewqas zêde û muhteşem di bîra we de dijî, ji ber ku ew tenêbûna we ya pêşîn î kûr bû û xebata pêşîn ya ku we li ser jiyana xwe kiriye, ew bû. – Hemû daxwazên baş ji bo we ne, birêzê hêja Kappus!

Ihr:

Rainer Maria Rilke

verwandeln, von Grund aus verändern, zu einer Beziehung umbilden, die von Mensch zu Mensch gemeint ist, nicht mehr von Mann zu Weib Und diese menschlichere Liebe(die unendlich rücksichtsvoll und leise, und gut und klar in Binden und Lösen sich vollziehen wird) wird jener ähneln, die wir ringend und mühsam vorbereiten, der Liebe, die darin besteht, daß zwei Einsamkeiten einander schützen, grenzen und grüßen.

Und das noch: Glauben Sie nicht, daß jene große Liebe, welche Ihnen dem Knaben, einst auferlegt worden ist, verloren war; können Sie sagen, ob damals nicht große und gute Wünsche in Ihnen gereift sind und Vorsätze, von denen Sie heute noch leben? Ich glaube, daß jene Liebe so stark und mächtig in Ihrer Erinnerung bleibt, weil sie Ihr erstes tiefes Alleinsein war und die erste innere Arbeit, die Sie an Ihrem Leben getan haben. – Alle guten Wünsche für Sie, lieber Herr Kappus!

Ihr:

Rainer Maria Rilke

Sone

Dilerize di jiyana min re êşeke
Reş î kûr bê axîn, bê oxîn.
Dilxweşiya rojên min ên aram
Xewnên ji pelên berfê ne.

Diqelibe lê pirsa mezin li rêya min
gelek caran. Piçûk dibim ez û derbas dibim
di ser re weke ji ser golekê
ku nikarim bipîvim pêlên wê.

Û dû re tê bi ser min de êşek, wiha reş
weke reşayiya şevên havînê yên kêmronahî
ku piştî deman stêrkeke diçûrise yan na:

Destên min li evînê digerin,
ji ber ku d'xwazim dengan bihebînim,
lê lêvên min yên miçiqî nabînin wan ...

(Franz Kappus)

Sonett

Durch mein Leben zittert ohne Klage,
ohne Seufzer ein tiefdunkles Weh.
Meiner Träume reiner Blütenschnee
ist die Weihe meiner stillsten Tage.

Öfter aber kreuzt die große Frage
meinen Pfad. Ich werde klein und geh
kalt vorüber wie an einem See,
dessen Flut ich nicht zu messen wage.

Und dann sinkt ein Leid auf mich,
so trübe wie das Grau glanzarmer Sommernächte,
die ein Stern durchflimmert – dann und wann –:

Meine Hände tasten dann nach Liebe,
weil ich gerne Laute beten möchte,
die mein heißer Mund nicht finden kann ...

(Franz Kappus)

8. Name

Borgeby gard, Flädie, Swêd
12ê Tebaxê,1904

Ez dixwazim dîsa bîstekê ji we re qise bikim, birêzê hêja Kappus, digel ku tiştekî kêrhatî be, alîkar be, tunebe jî. We gelek xemgîniyên mezin dîtine ku derbas bûne. Û hûn dibêjin ku ev derbasbûn bi xwe jî bi we zehmet bûye û hûn aciz kirine. Lê ji kerema xwe li wê bifikirin, ma ka gelo ev xemgîniyên mezin zêdetir di nava dilê we de neqewimîne? Ma gelo di we de gelek tişt nehatine guhertin? Ma gelo kesayetiya we neguheriye, gava hûn xemgîn bûne? Xemgîniyên meriv di nava gel de belav dike, ji bona ku meriv ser wan binixûmîne, xeternak û xirab in. Ew weke nexweşiyên meriv hema di ser re tedawî dike, cardin li mirov vedigerin û piştî navbereke kurt bi halekî taluketir xwe şanî me didin. Nexweşiyên ku di hundir de zindî û bi hêz dibin, dibin jiyaneke nejiyayî, yeke reddkirî û wendabûyî û di dawiyê de meriv bi wan dimire. Îmkana me hebûya, me ji tiştên ku dizanîbû zêdetir bidîta û ji bavûkalên xwe piçekî zêdetir bizanîbaya, belkî me yê wê demê bi baweriyeke mezintir xemgîniyên xwe ji şabûnên xwe rihettir pişt bikira. Lewra ew lehze ew dem in, ku tiştekî nû di hûndirê me de diqewime, tiştekî nediyar; hestên me fedîkar bêdeng dibin. Her tişta ku di dilê me de ye, şûnda vedigere; bêdengiyek çêdibe û tişta nû, ya ku kes nas nake, di navê de ye û dengê xwe nake.

8. Brief

Borgeby gård, Flädie, Schweden,
am 12. August 1904

Ich will wieder eine Weile zu Ihnen reden, lieber Herr Kappus, obwohl ich fast nichts sagen kann, was hilfreich ist, kaum etwas Nützliches. Sie haben viele und große Traurigkeiten gehabt, die vorübergingen. Und Sie sagen, daß auch dieses Vorübergehen schwer und verstimmend für Sie war. Aber, bitte, überlegen Sie, ob diese großen Traurigkeiten nicht vielmehr mitten durch Sie durchgegangen sind? Ob nicht vieles in Ihnen sich verwandelt hat, ob Sie nicht irgendwo, an irgendeiner Stelle ihres Wesens sich verändert haben, während Sie traurig waren? Gefährlich und schlecht sind nur jene Traurigkeiten, die man unter die Leute trägt, um sie zu übertonen; wie Krankheiten, die oberflächlich und töricht behandelt werden, treten sie nur zurück und brechen nach einer kleinen Pause um so furchtbarer aus; und sammeln sich an im Innern und sind Leben, sind ungelebtes, verschmähtes, verlorenes Leben, an dem man sterben kann. Wäre es uns möglich, weiter zu sehen, als unser Wissen reicht, und noch ein wenig über die Vorwerke unseres Ahnens hinaus, vielleicht würden wir dann unsere Traurigkeiten mit größerem Vertrauen ertragen als unsere Freuden. Denn sie sind die Augenblicke, da etwas Neues in uns eingetreten ist, etwas Unbekanntes; unsere Gefühle verstummen in scheuer Befangenheit, alles in uns tritt zurück, es entsteht eine Stille, und das Neue, das niemand kennt, steht mitten darin und schweigt.

Ez bawer im tevahiya xemgîniyên me deqîqe û saniyeyên kelecanê ne, ku em wek tevizîn hîs dikin ji ber ku em nikarin hestên xwe yên ji me dûrketine êdî bibihîsin. Ji ber ku em bi tişta biyani re, ku di me cî girtiye, bi tenê ne; ji ber ku tiştên em dinasin û dizanin ji bo demekê ji me hatine stendin; ji ber ku em di noqteyeke wiha de ne, ku em nikarin li wir bisekinin. Loma jî ew xemgînî nakudîne, derbas dibe: Tişta nû ya di me de; tişta ku lê hatiye zêde kirin, ketiye hûndirê dilê me, çûye nava dilê me û êdî li wir jî nine –ew ketiye nav xwînê. Û em nizanin ka ew çi bû. Meriv dikare bi me bide bawer kirin ku tiştekî neqewimiye, lê dîsa jî em guherîne, weke xanîyekî ku tê guhertin, gava mêvanekî dikevê. Em nikarin bibêjin, ka kî hatiye, belkî em ê qet pê nehesin, lê gelek nîşanên wê hene, ku paşeroj bi vî awayî dikeve hûndirê me, da ku xwe di wir de biguherîne, beriya ku diqewime. Û jiber vê jî mûhîm e ku meriv bi dîqet û tenê be, gava meriv xemgîn be. Lewra ev lehzeya ku wiha bê qewimîn û statîk dixwiyê, ji demên din – yên ku wiha qerebalix û tesadufî ne – zêdetir nêzîkî jiyanê ye, ji ber ku paşeroj di hûndirê me de ji xwe re ciyekî vedike –weke ku ji derve ve têkeve hûndire me. Em xemgîn çiqas bêdeng, bi sebir û vekirî bin, ewqas kûr û rasterast tişta nû dikeve hûndirê me; ewqas rihet em wê bidest dixin; ew ewqas zêdetir dibe qedera me. Û em ê rojekê wê weke ehlê xwe gelekî nêzîkî xwe bibînin, gava ew bû perçeyek ji qedera me (yanê gava ew ji me derket, ket hûndirê kesên din). Û ji xwe ev ji me re lazim e. Ev tişt lazim e û pê-de, pê-de pêşveçûna me ber bi vê hêlê diçe – yanê tiştên nedîtî li me neqewimin, tenê tiştên ji

Ich glaube, daß fast alle unsere Traurigkeiten Momente der Spannung sind, die wir als Lähmung empfinden, weil wir unsere befremdeten Gefühle nicht mehr leben hören. Weil wir mit dem Fremden, das bei uns eingetreten ist, allein sind; weil uns alles Vertraute und Gewohnte für einen Augenblick fortgenommen ist; weil wir mitten in einem Übergang stehen, *wo* wir nicht stehen bleiben können. Darum geht die Traurigkeit auch vorüber: das Neue in uns, das Hinzugekommene, ist in unser Herz eingetreten, ist in seine innerste Kammer gegangen und ist auch dort nicht mehr, – ist schon im Blut. Und wir erfahren nicht, was es war. Man könnte uns leicht glauben machen, es sei nichts geschehen, und doch haben wir uns verwandelt, wie ein Haus sich verwandelt, in welches ein Gast eingetreten ist. Wir können nicht sagen, wer gekommen ist, wir werden es vielleicht nie wissen, aber es sprechen viele Anzeichen dafür, daß die Zukunft in solcher Weise in uns eintritt, um sich in uns zu verwandeln, lange bevor sie geschieht. Und darum ist es so wichtig, einsam und aufmerksam zu sein, wenn man traurig ist: weil der scheinbar ereignislose und starre Augenblick, da unsere Zukunft uns betritt, dem Leben so viel näher steht als jener andere laute und zufällige Zeitpunkt, da sie uns, wie von außen her, geschieht. Je stiller, geduldiger und offener wir als Traurige sind, um so tiefer und um so unbeirrter geht das Neue in uns ein, um so besser erwerben wir es, um so mehr wird es *unser* Schicksal sein, und wir werden uns ihm, wenn es eines späteren Tages geschieht (das heißt: aus uns heraus zu den anderen tritt), im Innersten verwandt und nahe fühlen. Und das ist nötig. Es ist nötig – und dahin wird nach und nach unsere Entwicklung gehen – , daß uns nichts Fremdes widerfahre, sondern nur das, was uns seit lange ge-

zû ve aîdî me ne. Mirov gotinên pêşveçûnê îfade dikin, ewqas zêde guhertine ku meriv êdî hêdî-hêdî dibîne ku tişta ku em wek qeder bi nav dikin ji hûndirê wan der tê; ji derve nakeve nava dilê wan. Tenê ji ber ku gelekan qedera xwe – heta ku ew tê de dijiyan – negivaştine û di hûndirê xwe de guhertine, nedîtine ku çi ji hûndirê wan derketiye. Ewqas ji wan re xerîb bûye ku ew di tevliheviya tirsê de fikirîne ku hema di wê gavê de ew ketiye hûndirê wan. Lewra wan sond xwariye ku berê tiştekî wiha di dilê xwe de nedîtine. Çawa ku meriv dewreke dirêj di heqê gera tavê de şaş fikiriye, eynen wisa di heqê gera paşerojê de jî hê li ser rêya şaş e. Paşeroj qetî' ye, birêzê hêja Kappus, lê em di valahiya bêdawî de diçin û tên.

Çawa em di zehmetiyê de nebin?

Û gava em cardin werin ser meseleya tenêbûnê, baş xuya dike, ku di eslê xwe de meriv nedikare wê hilbijêre; ne jî dev jê berde. Em tenê ne. Meriv dikare xwe bixapîne û fena ku ne wiha ye tevbigere. Mesele ev e. Lê çiqas baş dibe, ku meriv lê varqile ku em tenê ne; tew meriv ji vir hereket bike çiqas baş dibe. Erê, ew ê derkeve holê ku serê me gêj dibe, lewra tişta ku çavên me hîn bûyê, ji me tê stendin. Tiştekî nêzîkî me êdî tuneye û tiştên ji me dûr jî gelek dûr in. Ku meriv yekî ji nav çar dîwarên wî, hema-hema bêyî hazirî û ji nişka ve rabikira û daniyaba bilindahiya serê çiyayekî, wî dê eynî tişt hîs bikira: bêemniyeteke nedîtî; hîsa bêwarbûneke ecêb dê wî bikuje. Ew dê bifikire ku ji ciyekî de dikeve yan jî yek wî davêje valahiyekê yan jî bi

hört. Man hat schon so viele Bewegungs-Begriffe umdenken müssen, man wird auch allmählich erkennen lernen, daß das, was wir Schicksal nennen, aus den Menschen heraustritt, nicht von außen her in sie hinein. Nur weil so viele ihre Schicksale, solange sie in ihnen lebten, nicht aufsaugten und in sich selbst verwandelten, erkannten sie nicht, was aus ihnen trat; es war ihnen so fremd, daß sie, in ihrem wirren Schrecken, meinten, es müsse gerade jetzt in sie eingegangen sein, denn sie beschworen, vorher nie Ähnliches in sich gefunden zu haben. Wie man sich lange über die Bewegung der Sonne getäuscht hat, so täuscht man sich immer noch über die Bewegung des Kommenden. Die Zukunft steht fest, lieber Herr Kappus, wir aber bewegen uns im unendlichen Raume.

Wie sollten wir es nicht schwer haben?

Und wenn wir wieder von der Einsamkeit reden, so wird immer klarer, daß das im Grunde nichts ist, was man wählen oder lassen kann. Wir *sind* einsam. Man kann sich darüber täuschen und tun, als wäre es nicht so. Das ist alles. Wieviel besser ist es aber, einzusehen, daß wir es sind, ja geradezu, davon auszugehen. Da wird es freilich geschehen, daß wir schwindeln; denn alle Punkte, worauf unser Auge zu ruhen pflegte, werden uns fortgenommen, es gibt nichts Nahes mehr, und alles Ferne ist unendlich fern. Wer aus seiner Stube, fast ohne Vorbereitung und Übergang auf die Höhe eines großen Gebirges gestellt würde, müßte Ähnliches fohlen: eine Unsicherheit ohnegleichen, ein Preisgegebensein an Namenloses würde ihn fest vernichten. Er würde vermeinen zu fallen oder sich hinausgeschleudert glauben in den Raum oder in tausend Stücke auseinandergesprengt: welche ungeheuere Lüge müßte

hezar perçeyî tê perçekirin. Ji bo ku rewşa rihê xwe eşkere bike, divê mêjûyê wî derewên gelek mezin peyda bike. Bi vî awayî ji bo kesê tenê, tevahiya dûrbûnan, tevahiya pîvanan me'neya xwe wenda dike; ji van guherînan gelek kes ji xwe re rêyekê dibînin û weke wî merivê li serê çiyê fikr û ramanên ji rêzê der û hestên sosret çêdibin, ku ji tişta meriv dikare îdare bike, zêdetir xuya dikin. Lê mûhîm e, ku em vê jî têcrûbe bikin. Em mecbûr in, hebûna xwe – hetanî ji dest tê – qebûl bikin; divê di vê hebûnê de hertişt mumkîn be, tişta nehatî bihîstin jî. Cesareta ku ji me tê xwestin, ev tenê ye: li hember ecêbî, harîkulade û tiştên nehatine ronî kirin, ku dikarin rastî me bên, bi cesaret be. Ji ber ku mirov di vê me'neyê de tirsonek bûn, zirareke bêdawî dan jiyanê. Tevahiya «cîhana rûhî», mirin, tecrûbeyên meriv wek «rûdan» bi nav dike; tevahiya van tiştên bi me wiha nêzîk xuya dikin, ji ber îtirazên rojane ewqas zêde ji jiyanê hatine dûr xistin, ku hestên me yên ku bi saya wan me dikarîbû vanan bidest bixin, feqîr û xizan bûne. Tew di heqê Xwedê de meriv qet nikare qise bike. Lê tirsa li hember rûdanên meriv nikare îzah bike, ne tenê hebûna mirov bi xwe feqîr kiriye, her wiha têkiliya di nava mirovan de jî bi saya wê mehdûd bûye; ev têkilî ji nava firehiya îmkanên bêdawî yên çem ber bi peraveke nivis hatine bilind kirin, ku êdî tiştekî pê naqewime. Lewra ne tenê bêhereketî nabe sebeb, ku têkiliyên mirovan ewqas ji îfadekirinê dûr yekaheng bin û serê carê bi eynî awayî tekrar bibin. Tirsa li hember tecrûbeyeke nû û nekifş dibe sebeb, ku meriv bawer dike, ku pê nikare. Lê tenê gava meriv ji her tiştî re amadekirî be û tu tiştî, tişta wek

sein Gehirn erfinden, um den Zustand seiner Sinne einzuholen und aufzuklären. So verändern sich für den, der einsam wird, alle Entfernungen, alle Maße; von diesen Veränderungen gehen viele plötzlich vor sich, und wie bei jenem Mann auf dem Berggipfel entstehen dann ungewöhnliche Einbildungen und seltsame Empfindungen, die über alles Erträgliche hinauszuwachsen scheinen. Aber es ist notwendig, daß wir auch *das* erleben. Wir müssen unser Dasein so *weit,* als es irgend geht, annehmen; alles, auch das Unerhörte, muß darin möglich sein. Das ist im Grunde der einzige Mut, den man von uns verlangt: mutig zu sein zu dem Seltsamsten, Wunderlichsten und Unaufklärbarsten, das uns begegnen kann. Daß die Menschen in diesem Sinne feige waren, hat dem Leben unendlichen Schaden getan; die Erlebnisse, die man «Erscheinungen» nennt, die ganze sogenannte «Geisterwelt», der Tod. alle diese uns so artverwandten Dinge, sind durch die tägliche Abwehr aus dem Leben so sehr hinausgedrängt worden, daß die Sinne, mit denen wir sie fassen könnten, verkümmert sind. Von Gott gar nicht zu reden. Aber die Angst vor dem Unaufklärbaren hat nicht allein das Dasein des einzelnen ärmer gemacht, auch die Beziehungen von Mensch zu Mensch sind durch sie beschränkt, gleichsam aus dem Flußbett unendlicher Möglichkeiten herausgehoben worden auf eine brache Uferstelle, der nichts geschieht. Denn es ist nicht die Trägheit allein, welche macht, daß die menschlichen Verhältnisse sich so unsäglich eintönig und unerneut von Fall zu Fall wiederholen, es ist die Scheu vor irgendeinem neuen, nicht absehbaren Erlebnis, dem man sich nicht gewachsen glaubt. Aber nur wer auf alles gefaßt ist, wer nichts, auch das Rätselhafteste nicht, ausschließt, wird die Beziehung zu einem anderen als etwas Lebendiges leben

girêkekê jî ji ber çavan dernexe, dikare têkiliya di navbera xwe û yekî din de wek tiştekî zindî bijî û bi destê xwe şikil bide hebûna xwe. Lewra gava meriv vê hebûna han wek mekaneke mezin yan jî piçûk bifikire, wê demê xuya dibe, ku pirraniya mirovan tenê koşeyekê wê nas dikin; bi qasî şûna pencereyekê yan jî xetekê, ku li ser diçin û tên. Bi vî awayî ew piçekî emîn in. Lê dîsa jî ew metirsiya ji neewlebûnê tê, gelek însanî ye, ya ku di çîrokên Poe de zorê dide girtiyan, ku dixwazin bi destên xwe awayê zîndanê fehm bikin û ji vî mekanê ecêb – ku lê dimînin – dûr nekevin. Lê em ne girtî ne. Qeyd û zincîr li me nehatine girêdan; û tiştekî me bitirsîne yan jî eziyetê bide me tuneye. Em ketine nava jiyanekê, ku herî baş em lê tên û di ser de bi tesîra hezar salan em ewqas şibiyanê vê jiyanê, ku gava em sakîn û bêdeng bisekinin em ê bi tu awayî ji tiştên li devûdorê cihê nebin; dê di nava me de ferqiyetek tunebe. Sebebek tuneye, ku em li hember cîhana xwe bi guman bin, lewra ew li dijî me nine. Tirsên wê hebin, ew yên me ne. Çal û kortên wê hebin, ew aîdî me ne; taluke hebin, em mecbûr in, biceribînin ji wan hez bikin. Û gava em jiyana xwe li gorî wê prensîba ku ji me re pêşniyaz dike, dibêje «divê em tim xwe li zehmetiyan bigrin», wê demê tişta ku niha ji me re gelek xerîb xuya dike, dibe ya herî nas û sadiq. Em çawa bikaribin wan mîtolojiyên kevn ji bîr bikin, yên ku di destpêka tevahiya gelan de cî digrin; çîrokên ejderhayên hema bi dîtinekê xwe diguherin û dibin qralîçe. Belkî tevahiya ejderhayên jiyanê qralîçe ne, ku li benda wê ne ku bi me xweşik û cesûr bixwiyên. Belkî tevahiya xirabiyan di eslê xwe de bêçaretî ne, ku li ben-

und wird selbst sein eigenes Dasein ausschöpfen Denn wie wir dieses Dasein des einzelnen als einen größeren oder kleineren Raum denken, so zeigt sich, daß die meisten nur eine Ecke ihres Raumes kennen lernen, einen Fensterplatz, einen Streifen, auf dem sie auf und nieder gehen. So haben sie eine gewisse Sicherheit. Und doch ist jene gefahrvolle Unsicherheit so viel menschlicher, welche die Gefangenen in den Geschichten Poes drängt, die Formen ihrer fürchterlichen Kerker abzutasten und den unsäglichen Schrecken ihres Aufenthaltes nicht fremd zu sein. Wir aber sind nicht Gefangene. Nicht Fallen und Schlingen sind um uns aufgestellt, und es gibt nichts, was uns ängstigen oder quälen sollte. Wir sind ins Leben gesetzt, als in das Element, dem wir am meisten entsprechen, und wir sind überdies durch jahrtausendelange Anpassung diesem Leben so ähnlich geworden, daß wir, wenn wir stille halten, durch ein glückliches Mimikry von allem, was uns umgibt, kaum zu unterscheiden sind. Wir haben keinen Grund, gegen unsere Welt Mißtrauen zu haben, denn sie ist nicht gegen uns. Hat sie Schrecken, so sind es *unsere* Schrecken, hat sie Abgründe, so gehören diese Abgründe uns, sind Gefahren da, so müssen wir versuchen, sie zu lieben. Und wenn wir nur unser Leben nach jenem Grundsatz einrichten, der uns rät, daß wir uns immer an das Schwere halten müssen, so wird das, welches uns jetzt noch als das Fremdeste erscheint, unser Vertrautestes und Treuestes werden. Wie sollten wir jener alten Mythen vergessen können, die am Anfange aller Völker stehen, der Mythen von den Drachen, die sich im äußersten Augenblick in Prinzessinnen verwandeln; vielleicht sind alle Drachen unseres Lebens Prinzessinnen, die nur darauf warten, uns einmal schön

da alîkariya me ne. Birêz Kappus, divê hûn netirsin gava xemgîniyek bi ser we de tê – çiqas mezin dibe, bila bibe –; yan jî bêhizûriyek weke ronahî û siya ewran di ser dest û tevahiya kirinên we re derbas dibe. Divê hûn bifikirin, ku tiştekî di we de diqewime, yanê jiyanê hûn ji bîr nekirine û we di destên xwe de dihewîne û we bernade. Çima hûn dixwazin bêhizûriyekê, êşekê, janekê ji jiyana xwe der bixin, ji ber ku hûn hîna nizanin ev rewş di we de çi tînin meydanê? Çima hûn dixwazin xwe bi pirsa «ka ev tev ji ku tê û bi kûderê ve diçe» re mijûl bibin? Ji ber ku hûn ji xwe dizanin, ku hûn di dema fetretê de ne û ji guherînê zêdetir tu tiştî naxwazin.

Gava hûn ji van rewşan aciz bin, divê hûn bifikirin ku nexweşî rêyek e ku organek xwe pê ji tiştên biyanî rizgar dike. Di vir de divê meriv alî bike ku nexweş bibe, nexweş bikeve û jê xilas bibe, lewra ev pêşveçûna wê ye. Birêz Kappus, di hûndirê we de niha gelek tişt diqewimin; divê hûn weke nexweşekî bi sebir bin û weke yekî sax dibe, bi hêvî bin, lewra belkî hûn herdu jî ne. Û ji vê jî zêdetir: Hûn doxtorek in, ku divê bi xwe li xwe mêze bike. Û di her nexweşiyê de gelek roj hene, ku tu doxtorek nikare tiştekî bike, divê ew her bisekine. Ev e tişta ku divê hûn herî zêde bikin, gava hûn doxtorê xwe bin.

Pirr zêde li ser xwe nesekinin. Pirr zû netîceyan ji tiştên ku bi we diqewimin, dernexin; çi dibe, bila here bibe. Wiha nebe, hûn ê gelekî zû werin wê noqteyê ku bi lomeyan (yanê yên exlaqî) li rojên derbasbûyî mêze bikin, ku

und mutig zu sehen. Vielleicht ist alles Schreckliche im tiefsten Grunde das Hilflose, das von uns Hilfe will.

Da dürfen Sie, lieber Herr Kappus, nicht erschrecken, wenn eine Traurigkeit vor ihnen sich aufhebt, so groß, wie Sie noch keine gesehen haben; wenn eine Unruhe, wie Licht und Wolkenschatten, über Ihre Hände geht und über all Ihr Tun. Sie müssen denken, daß etwas an Ihnen geschieht, daß das Leben Sie nicht vergessen hat, daß es Sie in der Hand hält; es wird Sie nicht fallen lassen. Warum wollen Sie irgendeine Beunruhigung, irgendein Weh, irgendeine Schwermut von ihrem Leben ausschließen, da Sie doch nicht wissen, was diese Zustände an Ihnen arbeiten? Warum wollen Sie sich mit der Frage verfolgen, woher das alles kommen mag und wohin es will? Da Sie doch wissen, daß Sie in den Übergangen sind, und nichts so sehr wünschten, als sich zu verwandeln. Wenn etwas von ihren Vorgängen krankhaft ist, so bedenken Sie doch, daß die Krankheit das Mittel ist, mit dem ein Organismus sich von Fremden befreit; da muß man ihm nur helfen, krank zu sein, seine ganze Krankheit zu haben und auszubrechen, denn das ist sein Fortschritt. In ihnen, lieber Herr Kappus, geschieht jetzt so viel; Sie müssen geduldig sein wie ein Kranker und zuversichtlich wie ein Genesender; denn vielleicht sind Sie beides. Und mehr: Sie sind auch der Arzt, der sich zu überwachen hat Aber da gibt es in jeder Krankheit viele Tage, da der Arzt nichts tun kann als abwarten. Und das ist es, was Sie, soweit Sie Ihr Arzt sind, jetzt vor allem tun müssen.

Beobachten Sie sich nicht zu sehr. Ziehen Sie nicht zu schnelle Schlüsse aus dem, was Ihnen geschieht; lassen Sie es sich einfach geschehen. Sie kommen sonst zu leicht dazu, mit Vorwür-

elbet ew bi her awayî bi tiştên niha rastî we tên ve eleqedar in. Çi ji daxwaz, hêvî û şaşitiyên salên xortiyê di we de hê tesîr dikin, ne ew tişt in, ku tên bîra we û hûn ji wan bi lome ne. Têkiliyên zaroktiyeke bêçare û tenê ewqas mezin in, ewqas tevlihev in, ewqas di binê tesîra tişta de ye, lê dîsa jî ji nav rastiyên jiyanê ewqas derketine, ku barekî têkeve hûndirê wê, meriv nikare bê şuphe navê bar lê bike. Gava meriv navekî lê dike, divê meriv gelekî hesas be; gelek caran tenê *navê* mêrkûjiyekê jiyanek perçe-perçe dike. Ne kirineke şexsî û bênav, ku belkî mecbûriyeteke jiyanê bûye, ew perçe-perçe kiriye. Û ev hêz û enerjiya we xerc kiriye, bi we ewha mezin dixwiye, ji ber ku hûn rola serkeftinê zêde dibînin – digel ku hûn bi hîsa ku hûn dikarin tiştekî mezin, tiştekî rast û rasteqîn bixin şûna wê xapandinê, li ser rêya rast in. Bêyî vê biserketina we ew tenê dibû reaksiyoneke exlaqî; me'neyeke wê ya kûr çênedibû. Bi vî awayî ew bû perçeyek ji jiyana we. Jiyana we, ku birêzê hêja Kappus, ez bi gelek zêde hêviyan lê difikirim. Tê bîra we, çawa vê jiyana hanê ya zaroktiyê bîriya jiyana «mezinan» dikir? Ez dibînim, ku ew niha ji ya mezinan diqete û biriya «yen mezintir» dike. Loma jî ew ê tim bi zehmet be, lê ji ber vê qîma xwe pê neyne, ku mezin bibe, bikemile.

Û gava ez tiştekî din jî ji we re bibêjim, divê ew ev be: Bawer nekin, ku ew ê diceribîne, ku we tesellî bike, bê derd û kul di nava gotinên hêsan û bêdeng de – yên ku carna dilê we xweş dikin – dijî. Jiyana wî bi xemgînî û

fen (das heißt: moralisch) auf Ihre Vergangenheit zu schauen, die natürlich an allem, was Ihnen jetzt begegnet, mitbeteiligt ist. Was aus den Irrungen, Wünschen und Sehnsüchten Ihrer Knabenzeit in Ihnen wirkt, ist aber nicht das, was Sie erinnern und verurteilen. Die außergewöhnlichen Verhältnisse einer einsamen und hilflosen Kindheit sind so schwer, so kompliziert, so vielen Einflüssen preisgegeben und zugleich so ausgelöst aus allen wirklichen Lebenszusammenhängen, daß, wo ein Laster in sie eintritt, man es nicht ohne weiteres Laster nennen darf. Man muß überhaupt mit den Namen so vorsichtig sein; es ist so oft der *Name* eines Verbrechens, an dem ein Leben zerbricht, nicht die namenlose und persönliche Handlung selbst, die vielleicht eine ganz bestimmte Notwendigkeit dieses Lebens war und von ihm ohne Mühe aufgenommen werden könnte. Und der Kraft-Verbrauch scheint Ihnen nur deshalb so groß, weil Sie den Sieg überschätzen; nicht er ist das «Große», das Sie meinen geleistet zu haben, obwohl Sie recht haben mit Ihrem Gefühl; das Große ist, daß schon etwas da war, was Sie an Stelle jenes Betruges setzten durften, etwas Wahres und Wirkliches. Ohne dieses wäre auch Ihr Sieg nur eine moralische Reaktion gewesen, ohne weite Bedeutung, so aber ist er ein Abschnitt Ihres Lebens geworden. Ihres Lebens, lieber Herr Kappus, an das ich mit so vielen Wünschen denke. Erinnern Sie sich, wie sich dieses Leben aus der Kindheit heraus nach den «Großen» gesehnt hat? Ich sehe, wie es sich jetzt von den Großen fort nach den Größeren sehnt. Darum hört es nicht auf, schwer zu sein, aber darum wird es auch nicht aufhören zu wachsen.

keddayînê tijî ye û gelekî li piştî ya we maye. Ku bi awayekî din ba, wî yê nikarîbaya ew gotin bidîtana.

Dostê we

Rainer Maria Rilke

***

Und wenn ich Ihnen noch eines sagen soll, so ist es dies: Glauben Sie nicht, daß *der,* welcher Sie zu trösten versucht, mühelos unter den einfachen und stillen Worten lebt, die Ihnen manchmal wohltun. Sein Leben hat viel Mühsal und Traurigkeit und bleibt weit hinter Ihnen zurück Wäre es aber anders, so hätte er jene Worte nie finden können.

Ihr:

Rainer Maria Rilke

***

9. Name

Furuborg, Jonsered, li Swêdê
Di 4ê Çileyê pêşîn 1904an da

Birêzê min ê hêja Kappus,

di vê dema ku bê name derbas bûn de, ez hin caran rêwî bûm û hin caran jî ewqas mijûl bûm, ku min nikarîbû binivîsim. Û îro jî nivîsîn li min giran tê, ji ber ku min diviyabû ez gelek nameyan binivîsim û loma jî destê min qerimiye. Ku min bikarîbaya ji kesekî re dîkte bikira, min ê ji we re gelek tişt bigotana. Bi vî awayî ji nameya dirêj tenê ev çend gotin nesîbê we ne.

Birêz Kappus, ez gelek caran û bi daxwazên ji dil li we difikirim –ku divê ev tişt bi tena serê xwe bi awayekî ji we re bibe alîkar. Herçî nameyên min in, ez bi guman im ku ew ê ji we re bibin alîkar. Ji min re nebêjin: Erê, ew dibin alîkar. Wan bi sukûnetiyekê û bêyî spasiyeke mezin ji xwe re bigrin û em mêze bikin, ka di dawiyê de çi ji wan der tê.

Belkî zêde kêrî tiştekî nayê ku ez yeko-yeko li ser her gotina we bisekinim. Lewra tişta ku ez di heqê guman yan jî bêîmkaniyên we de dibêjim – ku jiyana derûnî û ya rojane li hev bîne –, her tim eynî ye: tim û tim daxwaza ku hûn bi xwe re bi sebir bin, hevaltiyê bi tişta ku li we zehmet tê û bi tenêtiya xwe re, bikin. Xêncî vê, bihêlin bira jiyan li gorî xwe biherike. Bawer bikin, jiyan bi her awayî li ser rêya rast e.

9. Brief

Furuborg, Jonsered, in Schweden,
am 4 November 1904

Mein lieber Herr Kappus,

in dieser Zeit, die ohne Brief vergangen ist, war ich teils unterwegs, teils so beschäftigt, daß ich nicht schreiben konnte. Und auch heute fällt das Schreiben mir schwer, weil ich schon viele Briefe schreiben mußte, so daß meine Hand müde ist. Könnte ich diktieren, so würde ich Ihnen vieles sagen, so aber nehmen Sie nur wenige Worte für Ihren langen Brief.

Ich denke, lieber Herr Kappus, oft und mit so konzentrierten Wünschen an Sie, daß Ihnen das eigentlich irgendwie helfen müßte. Ob meine Briefe wirklich eine Hilfe sein können, daran zweifle ich oft. Sagen Sie nicht: Ja, sie sind es. Nehmen Sie sie ruhig auf und ohne vielen Dank, und lassen Sie uns abwarten, was kommen will.

Es nützt vielleicht nichts, daß ich nun auf Ihre einzelnen Worte eingehe; denn was ich über Ihre Neigung zum Zweifel sagen könnte oder über Ihr Unvermögen, das äußere und innere Leben in Einklang zu bringen, oder über alles, was Sie sonst bedrängt –: es ist immer das, was ich schon gesagt habe: immer der Wunsch, Sie möchten Geduld genug in sich finden, zu ertragen, und Einfalt genug, zu glauben; Sie möchten mehr und mehr Vertrauen gewinnen zu dem, was schwer ist, und zu Ihrer Einsamkeit unter den anderen. Und im übrigen lassen Sie sich das Leben geschehen. Glauben Sie mir: das Leben hat recht, auf alle Fälle.

Û di heqê hîsan de: Tevahiya hîsan paqij in; yên ku hûn tînîn ziman û didin aliyekê. Hîsa ku tenê li aliyekî we tê û bi wî awayî we diguherîne, hîseke paqij nine. Her tişta ku hûn li gorî zaroktiya xwe dikarin bifikirin, baş e. Her tişta ku ji seeta herî baş ya ku hûn tê de jiyane, zêdetir ji we derdixe, li rê ye. Her zêdehî baş e, gava ew di tevahiya xwîna we de cî digre, gava ew şêlû nebe, gava ew serxoşî nebe; lê bextewarî be, ku bi meriv koka wê bixwiyê. Hûn fehm dikin, ka ez çi qest dikim?

Û gava hûn şupheya xwe perwerde bikin, ew dikare bibe xisleteke baş. Divê ew bibe zanîn, ew bibe rexne. Gava ew bixwaze li we tiştekî biherimîne, ji wê bipirsin, ka çima tiştekî ne rind e; jê îsbatan bixwazin; wê biceribînin. Û wê demê hûn ê wê bêçare û fedîkar, lê belkî jî bi cazîbe bibînin. Lê dev jê bernedin; jê sebeban bixwazin –bi dîqet û tim; serê carê. Û dê roja ku ew ji tiştekî texrîbkar bibe alîkarê we yê herî baş were. Belkî yê herî baqil, ku jiyana we ava dike, ew be.

Birêz Kappus, ev bûn; tiştên min xwestin ez îro ji we re bibêjim. Lê ez ji we re di eynî wextî de çapeke cihê ya şiîreke piçûk dişînim, ku niha di *Deutsche Arbeit* ya Pragê de weşiya. Di wir de dîsa ez ji we re di heqê jîyan û mirinê de, ku her du jî mezin û bêhempa ne, qise dikim.

Dostê we

Rainer Maria Rilke

Und von den Gefühlen: Rein sind alle Gefühle, die Sie zusammenfassen und aufheben; unrein ist das Gefühl, das nur *eine* Seite Ihres Wesens erfaßt und Sie so verzerrt. Alles, was Sie angesichts ihrer Kindheit denken können, ist gut. Alles, was *mehr* aus Ihnen macht, als Sie bisher in Ihren besten Stunden waren, ist recht. Jede Steigerung ist gut, wenn sie in Ihrem *ganzen* Blute ist, wenn sie nicht Rausch ist, nicht Trübe, sondern Freude, der man auf den Grund sieht. Verstehen Sie, was ich meine?

Und Ihr Zweifel kann eine gute Eigenschaft werden, wenn Sie ihn *erziehen.* Er muß *wissend* werden, er muß Kritik werden. Fragen Sie ihn, sooft er Ihnen etwas verderben will, *weshalb* etwas häßlich ist, verlangen Sie Beweise von ihm, prüfen Sie ihn, und Sie werden ihn vielleicht ratlos und verlegen, vielleicht auch aufbegehrend finden. Aber geben Sie nicht nach, fordern Sie Argumente und handeln Sie so, aufmerksam und konsequent, jedes einzelne Mal, und der Tag wird kommen, da er aus einem Zerstörer einer Ihrer besten Arbeiter werden wird, – vielleicht der klügste von allen, die an Ihrem Leben bauen.

Das ist alles, lieber Herr Kappus, was ich Ihnen heute zu sagen vermag. Aber ich sende Ihnen zugleich den Separatdruck einer kleinen Dichtung, die jetzt in der Prager «Deutschen Arbeit» erschienen ist. Dort rede ich weiter zu Ihnen vom Leben und vom Tode und davon, daß beides groß und herrlich ist.

Ihr:

Rainer Maria Rilke

10. Name

Paris, dudiyê Noelê 1908

Birêz Kappus, divê hûn bizanibin ku ez gelek zêde şabûm, gava ew nameya we ya delal ket destê min. Xeberên hûn ji min re dişînin bi min rind û xweş tên; û çiqas zêde ez li ser difikirim, ewqas zêde ez hîn dibim ku ew yên baş in. Ya rast min dixwast ez vî tiştî ji we re di êvara Noelê de binivîsim, lê bi ser kar de (yê ku ez vê zivistanê pê re mijûl im û bê sekinîn li ser dixebitim), cejna kevnare ewqas zû hat, ku min dem nedît ez haziriyên ku diviyabûn bihatana kirin, bikim. Ji xwe ji nivîsînê re jî qet wext çênebû.

Lê di van rojên de cejnê de min gelek caran hûn bibîr anîn û ez li ser wê fikirîm ka divê hûn bi çûyîna xwe ya bi tenê di nava çiyayên vala de – ku bayê mezin yê başûr mîna ku bixwaze wan perçe-perçe daqûrtîne, xwe bi ser wan de diavêje – çiqas aram in.

Ev bêdengî miheqeq muhteşem e, ku tê de ev awaz û tevger cî digrin û gava meriv difikire ku bi ser her tiştî de hebûna behreke dûr tê û pê re li bilûrê dide, ku di nav vê ahenga qedîm de belkî dengê herî kûr ev deng e, wê demê meriv tenê dikare ji bo we hêvî bike ku hûn bi sebir û ji dil vê tenêtiya bêhempa bikin perçeyek ji xwe ku meriv nikare wê ji jiyana xwe derxe. Ev tenêtî ew ê di tevahiya tecrûbe û kirinên paşerojê de weke tesîreke bênav dom bike û bi sikûnetî ji xwe re cihokekê veke – mîna xwîna pêşîyên me ku di me de diherike û bi ya me bi xwe re dibe tiştekî tekane, ku nayê dûbare kirin ...

10. Brief

Paris, am zweiten Weihnachtstage 1908

Sie sollen wissen, lieber Herr Kappus, wie froh ich war, diesen schönen Brief von Ihnen zu haben. Die Nachrichten, die Sie mir geben, wirklich und aussprechbar, wie sie nun wieder sind, scheinen mir gut, und je länger ichs bedachte, desto mehr empfand sie als tatsächlich gute. Dieses wollte ich Ihnen eigentlich zum Weihnachtsabend schreiben; aber über der Arbeit, in der ich diesen Winter vielfach und ununterbrochen lebe, ist das alte Fest so schnell herangekommen, daß ich kaum mehr Zeit hatte, die nötigsten Besorgungen zu machen, viel weniger zu schreiben.

Aber gedacht hab ich an Sie in diesen Festtagen oft und mir vorgestellt, wie still Sie sein müssen in Ihrem einsamen Fort zwischen den leeren Bergen, über die sich jene großen südlichen Winde stürzen, als wollten sie sie in großen Stücken verschlingen.

Die Stille muß immens sein, in der solche Geräusche und Bewegungen Raum haben, und wenn man denkt, daß zu allem noch des entfernten Meeres Gegenwart hinzukommt und mittönt, vielleicht als der innerste Ton in dieser vorhistorischen Harmonie, so kann man Ihnen nur wünschen, daß Sie vertrauensvoll und geduldig die großartige Einsamkeit all sich arbeiten lassen, die nicht mehr aus Ihrem Leben wird zu streichen sein; die in allem, was Ihnen zu erleben und zu tun bevorsteht, als ein anonymer Einfluß fortgesetzt und leise entscheidend wirken wird, etwa wie in uns Blut von Vorfahren sich unablässig bewegt und sich mit unserm eigenen zu dem

Belê, ez şa dibim ku hûn xwediyê karekî rûniştî û bi nav û deng in; xwediyê unwanekê, unîformayekê, xwediyê berpirsiyarekê ne, ku ev tev tenê rê nadin ku meriv bi dîqet be, ew herwiha di dîqetbûnê de meriv perwerde dikin. Û tevahiya van xisletên muşexes û sinorkirî, ku di devûdoreke wiha de bi me'neya ciddiyet û mecbûriyetê derdikevin pêş, di hêleke fireh û mezin de ji meriv re dibin alîkar – ji lîstikên pîşeyê leşkerî yên ku wextê bê sinor xerc dikin, zêdetir. Û baş e ku carna mirov di têkiliyan de dijî, ku meriv bi wan dikemile û car-caran me li tiştên sirûştî asê dikin – ev tişt tev mecbûrî ne.

Huner jî bi serê xwe tenê awayekî jiyanê ye. Û meriv dikare, di jiyana xwe de bêyî ku ferq bike, xwe jê re amade bike; di kar û pîşeyên rast de meriv jê re ji yên nîv – hunerî û ne rast nêziktir e û cînarê wê ye. Mîna di tevahiya karê rojnamevaniyê de, hema-hema di tevahiya rexneyê de û di çara yekê edebiyatê yan jî tişta ku dixwaze wek edebiyat bê binav kirin de, ku ev tev nêzikahiya xwe bi hunerê nişan didin, lê di rastiyê de nûveya wê dikujin û lê dixin. Ez kêfxweş im ku hûn ji talûkeya ku hûn têkevin vê rêyî xelas bûn û li ciyekî di nava rastiya t'el de merd û tenê ne. Hêvî dikim ku sala bê we di vî halê we de bihêle û hûn zexm û qewî bin.

Tim dostê we

Rainer Maria Rilke

Einzigen, nicht Wiederholbaren zusammensetzt, das wir an jeder Wendung unseres Lebens sind.

Ja: ich freue mich, daß Sie diese feste, sagbare Existenz mit sich haben, diesen Titel, diese Uniform, diesen Dienst, alles dieses Greifbare und Beschränkte, das in solchen Umgebungen mit einer gleich isolierten nicht zahlreichen Mannschaft Ernst und Notwendigkeit annimmt, über das Spielerische und Zeithinbringende des militärischen Berufs hinaus eine wachsame Verwendung bedeutet und eine selbständige Aufmerksamkeit nicht nur zuläßt, sondern geradezu erzieht. Und daß wir in Verhältnissen sind, die an uns arbeiten, die uns vor große natürliche Dinge stellen von Zeit zu Zeit, das ist alles, was not tut.

Auch die Kunst ist nur eine Art zu leben, und man kann sich, irgendwie lebend, ohne es zu wissen, auf sie vorbereiten; in jedem Wirklichen ist man ihr näher und benachbarter als in den unwirklichen halbartistischen Berufen, die, indem sie eine Kunstnähe vorspiegeln, das Dasein aller Kunst praktisch leugnen und angreifen, wie etwa der ganze Journalismus es tut und fast alle Kritik und dreiviertel dessen, was Literatur heißt und heißen will. Ich freue mich, mit einem Wort, daß Sie die Gefahr, dahinein zu geraten, überstanden haben und irgendwo in einer rauhen Realität einsam und mutig sind. Möchte das Jahr, das bevorsteht, Sie darin erhalten und bestärken.

Immer Ihr:

Rainer Maria Rilke

Çavkanî / Quellen

Rainer Maria Rilke: *Briefe an einen jungen Dichter.* Leipzig (1929). Insel Verlag.

Manfred Engel. *Rilke-Handbuch: Leben – Werk – Wirkung.* Stuttgart (2013). J. B. Metzler

Wergêr / Übersetzer

Dr. Abdullah İncekan nivîskar, zimannas û pedagogekî Kurd e ku hevwelatîyê Almanyayê ye. Wî li zanîngeha Duisburg-Essenê beşên Germanîstîk, Turkolojî û Pedagojîya Înterkulturel/Zimanê Almanî wek Zimanê Dudiyan xwendin. Doktoraya xwe li zanîngeha Bambergê di beşa General Linguistic de li ser hin xalên zimanê Kurdî kir. Ew bi sê zimanan, bi zimanê Kurdî, Almanî û Tirkî dinivîse.

Dr. Abdullah İncekan, deutscher Autor, Sprachwissenschaftler und Pädagoge kurdischer Herkunft studierte an der Universität Duisburg-Essen Germanistik, Turkistik und Interkulturelle Pädagogik/ Deutsch als Zweitsprache. Seine Dissertation an der Universität Bamberg im Bereich General Linguistic verfasste er über Aspekte der kurdischen Sprache. Incekan schreibt und veröffentlicht in den drei Sprachen Kurdisch, Deutsch und Türkisch.

Kitêbên wî yên hetanî niha derketine / Bisherige Buchpublikationen:

- *Verbvalenz im Deutsch und Kurdischen und ihre Darstellung in ausgewählten Wörterbüchern.* Universität Duisburg-Essen (2005): Linguistic Agency.

- *Ez Kurdî Hîn Dibim – Pratik Kürtçe Dersleri.* Istanbul (2009, 7. Aufl.): Nûbihar.
- *Kurdisch Kompakt* (Lehrbuch mit Lösungsschlüssel und CD). Wiesbaden (2010, 2. Aufl.): Dr. Ludwig Reichert Verlag.
- *„Eine Hand voller Sterne" im Unterricht.* Weinheim und Basel (2012): Beltz Verlag.
- *Şivan Perwer – Efsaneya Zindî.* Istanbul (2012, 2. Aufl.): Nûbihar.
- *Compact Kurdish – Kurmanji.* Wiesbaden (2014): Dr. Ludwig Reichert Verlag.
- *Geçişli Fiiller ve Ergativ.* Istanbul (2014): Nûbihar.
- *Umudun Sesi – Şivan Perwer.* Istanbul (2015): Timaş Yayınları.
- *Ji şairekî ciwan re name – (werger ji) Rainer Maria Rilke.* Stenbol (2016): Nûbihar.
- *Deriyê Dil – Guldesteyek ji Şiîra Almanî.* Stenbol (2020): Nûbihar.
- *Deutsche Gedichte – zweisprachig. Kurmanjî-Kurdisch – Deutsch.* Wiesbaden (2020): Dr. Ludwig Reichert Verlag.

Deutsche Gedichte zweisprachig

(Kurmanji-Kurdisch / Deutsch)

Von Abdullah Incekan

2020. 8°. Br., 112 S.,
Print: 14,90 EUR (978-3-95490-507-2)
eBook: 14,90 EUR (978-3-95490-558-4)

Abdullah Incekan, ein deutscher Autor und Pädagoge kurdischer Herkunft, hat es sich zum Ziel gemacht, die kurdische Sprache, deren Gebrauch in den Herkunftsregionen massiver Unterdrückung unterliegt, auch auf literarischer Ebene zu wahren und zu fördern. In seinem Lyrikband „Deutsche Gedichte / zweisprachig" übersetzt er ausgewählte Gedichte deutscher Dichterinnen und Dichter aus unterschiedlichen Epochen ins Kurmanji-Kurdisch.

Kurdisch für Fortgeschrittene

Lehr- und Arbeitsbuch des Kurmancî
mit Lösungen und Audiomaterial

Von Abdullah Incekan

2021. 8°. Br., 272 S., 14 s/w-Abb., inkl. CD
Print: 29,90 EUR (978-3-7520-0001-6)
eBook: 29,90 EUR (978-3-7520-0500-4)

KURDISCH für Fortgeschrittene ermöglicht in 23 abwechslungsreichen Kapiteln weiterführende Kenntnisse des Kurdischen. Jedes Kapitel besteht aus einem authentischen Text, Vokabelangaben, Grammatikerklärungen sowie Text- und Grammatikübungen. Das Audiomaterial ist über die mitgelieferte CD oder online kostenfrei verfügbar. Das Buch eignet sich für alle, die im Selbststudium oder im Sprachkurs ihre Kurdischkenntnisse vertiefen möchten. Es entspricht dem Europäischen Referenzrahmen B1.

Kurdisch Kompakt

Lehr- und Übungsbuch mit Lösungsschlüssel und CD

Von Abdullah Incekan

2010. 8°. Br., 274 S., 70 s/w-Abb., mit Audio-CD,
Print: 29,90 EUR (978-3-89500-720-0)
eBook: 29,90 EUR (978-3-7520-0051-1)